A Arte da Guerra de Sun Tzu
&
A Arte de Criar Adolescentes

Gary Gagliardi

A ARTE DA GUERRA
de Sun Tzu
&
A ARTE DE CRIAR ADOLESCENTES

Tradução
Débora Guimarães Isidoro

CIP-BRASIL. CATALOGAÇÃO-NA-FONTE
SINDICATO NACIONAL DOS EDITORES DE LIVROS, RJ.

G128a
Gagliardi, Gary
    A arte da guerra de Sun Tzu e A arte de criar adolescentes: a antiga ciência chinesa da estratégia para proteger, orientar e incentivar adolescentes / Gary Gagliardi; tradução Débora Guimarães Isidoro. – Rio de Janeiro: Best*Seller*, 2007.

    Tradução de: Sun Tzu's the Art of War Plus the Art of Parenting Teens
    ISBN 978-85-7684-160-9

    1. Sun-Tzu, Século VI a.C. 2. Responsabilidade dos pais. 3. Pais e adolescentes. 4. Ciência militar – Obras anteriores a 1800. I. Sun-Tzu, Século VI a.C. II. Título. III. Título: A arte de criar adolescentes.

07-3807   CDD 649.125
                                                       CDU 649.1-053.6

Título original norte-americano
SUN TZU'S THE ART OF WAR PLUS THE ART OF PARENTING TEENS
Copyright © 1999, 2002 by Gary Gagliardi
Publicado inicialmente por Clearbridge Publishing

Capa: Mello e Mayer
Editoração eletrônica: Abreu's System

Todos os direitos reservados. Proibida a reprodução,
no todo ou em parte, sem autorização prévia por escrito da editora,
sejam quais forem os meios empregados.

Direitos exclusivos de publicação em língua portuguesa para o Brasil
adquiridos pela
EDITORA BEST SELLER LTDA.
Rua Argentina, 171, parte, São Cristóvão
Rio de Janeiro, RJ – 20921-380
que se reserva a propriedade literária desta tradução.

Impresso no Brasil

ISBN 978-85-7684-160-9

"Dedicado a minha filha, Amanda."

Sumário

Como usar este livro 9

A arte da guerra	&	a arte de criar adolescentes
1. Planejamento 14	&	Planejamento para os pais 15
2. Ida à guerra 24	&	Desafios dos anos adolescentes 25
3. Planejamento de um ataque 32	&	Uso do controle dos pais 33
4. Posicionamento 40	&	Ensinando a realização 41
5. *Momentum* 48	&	Direção 49
6. Fraqueza e força 56	&	Insegurança e confiança 57
7. Conflito armado 68	&	Controle de discussões 69
8. Adaptabilidade 78	&	Aplicação de regras 79

9. Marcha armada *84*	&	Mudanças que amedrontam *85*
10. Posição no campo *100*	&	Construção de caráter *101*
11. Tipos de terreno *114*	&	Estágios do crescimento *115*
12. Ataque com fogo *136*	&	Restringindo os adolescentes *137*
13. Uso de espiões *144*	&	Espionando os adolescentes *145*

Como Usar Este Livro

Atualmente, há mais influências para corromper os adolescentes do que em qualquer outra época na história da civilização. Desde os primeiros anos da adolescência, seus filhos enfrentam tentações que podem destruir facilmente o resto de suas vidas. Sua obrigação como pai ou mãe é proteger e orientar os filhos, mas essa tarefa se torna mais difícil pelo fluxo constante de mensagens destrutivas disseminadas pela mídia. O propósito deste livro é fornecer as armas necessárias para o combate dessa ameaça.

Este livro se baseia diretamente no *bing-fa*, a antiga ciência chinesa de vencer sem conflito. A tradução adotada para *bing-fa* é *A arte da guerra*, mas o *bing-fa* não ensina a guerra: ensina o sucesso. Ensina que ter sucesso em qualquer coisa, inclusive na educação dos filhos, não acontece por acaso. Ser um bom pai ou uma boa mãe é um desafio. Obter sucesso ao enfrentar desafios depende de tomar decisões acertadas. O *bing-fa* ensina como tomar essas decisões com rapidez e facilidade.

Para utilizar bem este livro, você deve lê-lo e relê-lo. Suas lições parecem simples, mas são sutis e profundas. Mesmo expressa em termos comuns relacionados a educar filhos, adotar regras, ensinar realização, ajustar a punição, controlar discussões e manter contato com a vida dos filhos, o *bing-fa* é uma disciplina rigorosa que requer estudo. Este livro presume que educar filhos é uma missão séria, importante e difícil. Ler este livro várias vezes vai incutir em você a filosofia de que é necessário exercitar sua responsabilidade como pai ou mãe. Este livro oferece diferentes lições em diferentes estágios do processo de amadurecimento de seu adolescente.

Ao abordar os desafios de educar filhos adolescentes, nosso texto, como todos os nossos livros *A arte da guerra*, segue o atemporal *bing-fa* de Sun Tzu exatamente, linha a linha. Há mais de dois mil anos, as pessoas valorizam *A arte da guerra* de Sun Tzu, porque seu método de *bing-fa* trabalha de forma consistente em qualquer empreitada competitiva. Apesar de ter sido escrito para desafios militares, o sistema faz todo sentido quando adaptado aos desafios de lidar com adolescentes.

Como isso é possível? A ciência do *bing-fa* é como a matemática: um conjunto de princípios universais. A matemática pode ser aplicada a qualquer problema humano que requeira mensuração ou contagem. O *bing-fa* pode ser aplicado a qualquer empreitada humana na qual haja pessoas competindo. *A arte da guerra* foi escrito de maneira tão sistemática quando a *Geometria* de Euclides. A adaptação linha a linha do texto simplesmente aplica as regras gerais a um tipo específico de desafio, nesse caso, o desafio de criar e educar filhos felizes e produtivos.

Proteger adolescentes é uma batalha. Chegar ao sucesso não é um acidente. O *bing-fa* funciona porque educar filhos, mesmo que não percebamos, é uma competição. Estamos em batalha constante pelas almas de nossos filhos contra as muitas influências perigosas de nossa sociedade. Muitos pais enfrentam essa batalha com frustração e insegurança. Você sabe o que quer de seus filhos. Sabe o que quer para seus filhos. Só não sabe como chegar a isso. A antiga ciência do *bing-fa* oferece um método simples para ajudá-lo a obter o que você deseja.

Ao usar o *bing-fa*, você também o está ensinando. Está ensinando a seus filhos a base para obter sucesso na vida. O *bing-fa* ensina que cada um de nós tem uma posição única no mundo. Reconhecer nossa posição e usá-la corretamente é nossa responsabilidade pessoal e conduz, inevitavelmente, ao sucesso. Como pais, devemos comunicar a nossos filhos esse sentimento de valor único. Devemos deixar claro que esperamos que eles se comportem com mais inteligência e correção do que a média das pessoas. Devemos nos certificar de que eles sejam continuamente desafiados para chegarem à excelência.

Na batalha, os bons líderes entendem que a única maneira de proteger seus homens é desafiá-los a executar além de sua capacidade. A liderança não é uma disputa por popularidade, mas a boa liderança inspira respeito e amor. Como pais, não inspiramos amor e respeito fazendo sempre o gosto de nossos filhos. Conquistamos seu amor exigindo que eles explorem ao máximo o potencial que têm.

Educar filhos adolescentes não significa fazer a felicidade deles no presente. Os adolescentes pensam, naturalmente, em termos de curto prazo. É responsabilidade dos pais ter a visão mais longa. Devemos preparar nossos filhos para que possam construir vidas felizes e satisfatórias. Os anos da adolescência são perigosos porque contrapõem de forma dramática a gratificação em curto prazo e a felicidade em longo prazo. Os hábitos adquiridos na adolescência podem determinar a trajetória do restante da vida de nossos adolescentes, para o bem ou para o mal. Esse desafio em longo prazo requer uma estratégia em longo prazo. Em outras palavras, requer *bing-fa*.

Com a leitura de *A arte da guerra de Sun Tzu* e de *A arte de criar adolescentes* lado a lado, você é estimulado a pensar em seus próprios adolescentes e *fazer anotações* sobre como aplicar a ciência de Sun Tzu a sua situação singular.

Em diferentes estágios do desenvolvimento de seu adolescente, você vai extrair diferentes lições do texto. Por esse motivo, recomendamos que, como as situações mudam, você releia este livro pelo menos a cada um ou dois anos, talvez até com maior freqüência no início. Uma revisão rápida leva apenas uma ou duas horas. Quando se deparar com um problema específico com seu adolescente, sugerimos que folheie rapidamente o livro para verificar o que Sun Tzu oferece. Você sempre encontrará uma maneira útil de redefinir o problema de forma a poder abordá-lo com maior facilidade.

A arte da guerra de Sun Tzu & a arte de criar adolescentes

O *bing-fa* reconhece que os desafios de ser pai ou mãe são dinâmicos. Mudam constantemente e não podem ser planejados no sentido estrito do termo. Sun Tzu usou a palavra "caos" para descrever a luta pelo sucesso em um sentido científico surpreendentemente atual. Ele não quis insinuar que os desafios competitivos não têm estrutura. Quis dizer apenas que são sistemas complexos e auto-organizados dos quais padrões emergem naturalmente, mas nos quais é muito difícil prever ou controlar eventos específicos. Em tais situações dinâmicas, não podemos controlar eventos específicos, mas obtemos o resultado adequado usando uma estratégia de longo prazo. Nossa estratégia pode não surtir efeito em todas as situações, mas, com o tempo, vai garantir resultados cada vez melhores.

Quando adaptamos o *bing-fa* de Sun Tzu para a educação de filhos adolescentes, as lições que surgem são intrigantes.

O livro nos conduz pela progressão natural do relacionamento pais-filhos. Começa com o planejamento para os anos da adolescência, preparando-nos para criar o ambiente correto para educar um adolescente. Então, ele nos conduz por todo o processo de lidar com os desafios comuns dos anos da adolescência.

O *bing-fa* de educar filhos nos diz que evitar más influências não é o bastante. Devemos desafiar nossos filhos para que se engajem e se superem na vida. Nossa sociedade cria jovens cínicos e desprovidos de afeto, gente que vê pouco valor na atividade produtiva. O único objetivo de muitas crianças é se entreter em um mundo que, em última análise, consideram tedioso. Esse sentimento de tédio e desinteresse leva, inevitavelmente, à experimentação perigosa e destrutiva. A cura para o tédio é desafiar seu adolescente.

O *bing-fa* pode ser muito específico sobre o que fazer em certas situações. Isso ocorre particularmente nos últimos capítulos. Sun Tzu insiste na necessidade de prestarmos muita atenção aos detalhes da nossa situação. O *bing-fa* enumera diferentes sinais sutis, diferentes tipos de caráter, diferentes falhas de caráter, diferentes estágios de desenvolvimento, e assim por diante. Embora Sun Tzu as tenha escrito relacionadas à guerra há mais de 2.500 anos, essas listas, quando aplicadas à educação de filhos adolescentes, ainda são surpreendentemente completas.

A ciência do *bing-fa* oferece uma visão "cooperativa" sobre enfrentar desafios, algo que chamamos de vencer sem conflito. Quando usamos o *bing-fa*, jamais tentamos impor a vitória por meio de nossas ações. A contenda é uma parceria com o "inimigo". Nosso "inimigo", ou, nesse caso, nosso adolescente, deve criar as oportunidades de que necessitamos para alcançar o sucesso. O segredo para obter sucesso na guerra e na educação dos filhos é reconhecer uma boa oportunidade quando ela surge diante de nós.

A ciência do *bing-fa*, como todas as ciências, é baseada no conhecimento. Sun Tzu considera que o sucesso não pertence ao mais poderoso, mas àquele que tem a maior compreensão. No *bing-fa* não existe substituto para a boa comunicação. Conhecimento significa ter melhor informação do que todos os outros, ou, de forma ideal, conhecer nossos adolescentes melhor do que eles mesmos se conhecem. Como os anos da adolescência são altamente sigilosos, esse desafio não é dos menores. O *bing-fa* nos ensina a deixar de lado o desejo e o pensamento fantasioso e trabalhar para descobrir o que nossos filhos estão fazendo e pensando realmente. Os adolescentes dão valor à privacidade, mas só nosso conhecimento sobre seu comportamento proporciona a base sólida para nossas decisões de pais.

Gary Gagliardi, 2002

Planejamento

Isto é guerra.
É o mais importante talento na nação.
É a base da vida e da morte.
É a filosofia da sobrevivência ou da destruição.
Você deve conhecê-la bem.

Sua habilidade vem de cinco fatores.
Estude esses fatores quando planejar a guerra.
Você deve insistir em conhecer a natureza:

1. da filosofia militar;
2. do clima;
3. do território;
4. do comandante;
5. dos métodos militares.

Tudo começa com sua filosofia militar.
Comande seu pessoal e lhes proporcione
o maior propósito compartilhado.
Você pode conduzi-los à morte.
Você pode conduzi-los à vida.
Eles nunca devem temer o perigo ou a desonestidade.

Planejamento para os pais

Seus filhos são adolescentes.
É crucial saber educá-los.
É a diferença entre a vida e a morte.
Suas decisões determinam sua sobrevivência ou destruição.
Você deve saber exatamente o que fazer.

Sua habilidade de educá-los vem de cinco fatores.
Estude esses fatores antes de seus filhos chegarem à adolescência.
Você deve conhecer:

1. A filosofia de sua família
2. As tendências sociais
3. O ambiente de seus filhos
4. Suas habilidades de educador
5. Seus métodos de educador

Educar filhos adolescentes começa com a filosofia de sua família.
Deixe claro para seus adolescentes que sua família tem objetivos maiores e compartilhados.
Seu exemplo pode conduzi-los à morte.
Seu exemplo pode conduzi-los à vida.
Eles não devem temer que você os ponha em perigo ou os desencaminhe.

A ARTE DA GUERRA

Em seguida, você tem o clima.
Pode estar ensolarado ou encoberto.
Pode ser quente ou frio.
Ele inclui o ritmo das estações.

Depois vem o território.
Pode ser distante ou próximo.
Pode ser difícil ou fácil.
Pode ser largo ou estreito.
E também pode determinar sua vida ou sua morte.

Depois vem o comandante.
Ele deve ser astuto,
confiável,
zeloso,
corajoso,
e estrito.

Finalmente, há os métodos militares.
Eles incluem a forma da sua organização.
Isso advém da sua filosofia de gerenciamento.
Você deve dominar seu uso.

Todos esses cinco fatores são críticos.
Como comandante, você deve estar atento a eles.
Compreendê-los traz vitória.
Ignorá-los significa derrota.

A ARTE DE CRIAR ADOLESCENTES

Em seguida, vêm as tendências da sociedade.
Podem ser positivas ou negativas.
Podem ser úteis ou perigosas.
Essas tendências mudam com o tempo.

Depois vem o ambiente em que estão seus filhos.
Ele pode ser distante ou próximo.
Pode ser doloroso ou divertido.
Pode ser acessível ou privado.
O ambiente correto determina a vida ou a morte de um adolescente.

Depois vêm suas habilidades como educador.
Você deve ser informado,
confiável,
amoroso,
corajoso,
e severo.

Finalmente, há os seus métodos de educador.
Eles incluem a natureza de sua família.
Seus métodos surgem naturalmente de sua filosofia.
Você deve dominar a educação dos filhos.

Esses cinco fatores são críticos.
Como pai, você deve prestar atenção a eles.
Compreendê-los leva ao sucesso.
Ignorá-los leva ao fracasso.

A ARTE DA GUERRA

𝒱ocê deve aprender pelo planejamento.
Deve questionar a situação.

Você deve perguntar:
Que governo tem a filosofia correta?
Que comandante possui habilidade?
Que estação e local são vantajosos?
Que método de comando funciona?
Que grupo de forças tem o poder?
Que oficiais e homens foram treinados?
Que recompensas e punições fazem sentido?
Isso vai dizer quando você vai vencer e quando vai perder.
Alguns comandantes executam essa análise.
Se usar esses comandantes, você vencerá.
Mantenha-os.
Alguns comandantes ignoram essa análise.
Se utilizá-los, você perderá.
Livre-se deles.

𝒫laneje de forma vantajosa, ouvindo.
Isso o torna poderoso.
Obtenha ajuda externa.
Conheça a situação.
Assim, o planejamento pode criar vantagens e controlar o poder.

A ARTE DE CRIAR ADOLESCENTES

$\mathcal{V}$ocê deve aprender a olhar adiante.
Deve questionar a situação de seu adolescente.

Você deve perguntar:
Que famílias têm a filosofia correta?
Quais são suas habilidades como pai?
Quando e onde seu adolescente deve ir à escola?
Que métodos de comunicação funcionam?
Que grupos de amigos têm influência sobre seu filho?
O que estão ensinando a seu adolescente?
Que punições e recompensas fazem sentido?
Isso vai dizer onde está a segurança e onde estão os perigos.
Você deve analisar continuamente a situação de seu adolescente.
Se você planejar bem, seu adolescente estará seguro.
Mantenha-os assim.
Muitos pais se recusam a prestar atenção.
Se você é um deles, seu adolescente está em perigo.
Você deve mudar.

$\mathcal{P}$lanejar o obriga a ouvir seus filhos.
Isso o torna bem-sucedido.
Obtenha ajuda de especialistas fora da família.
Conheça a situação de seu adolescente.
Olhe adiante para encontrar oportunidades e usá-las.

A ARTE DA GUERRA

Guerra é uma filosofia da enganação.

Quando você está pronto, tenta parecer incapacitado.
Quando ativo, finge morosidade.
Quando está próximo do inimigo, mostra-se distante.
Quando longe, finge estar perto.

Se o inimigo tiver uma posição fortalecida, atraia-o para longe dela.
Se o inimigo for confuso, seja decisivo.
Se o inimigo for sólido, prepare-se contra ele.
Se o inimigo for forte, evite-o.
Se o inimigo estiver zangado, frustre-o.
Se o inimigo for fraco, torne-o arrogante.
Se o inimigo estiver relaxado, faça-o trabalhar.
Se o inimigo for unido, separe-o.
Ataque-o quando ele estiver despreparado.
Deixe-o quando ele menos esperar.

Você encontrará um lugar onde pode vencer.
Não passe direto por ele.

A ARTE DE CRIAR ADOLESCENTES

Adolescentes têm algo em comum: Eles enganam.
Quando estão bem, fingem estar doentes.
Quando tramam alguma coisa, fingem inatividade.
Quando adotam comportamento arriscado, aparentemente o rejeitam.
Quando estão infelizes, tentam parecer felizes.

Se seus adolescentes julgam-se espertos, deixe-os inseguros.
Quando estiverem confusos, ofereça-lhes liderança.
Quando houver possibilidade de perigo, prepare-se contra ele.
Quando o perigo for certo, aja contra ele.
Se seus adolescentes se zangam, frustre-os.
Se seus adolescentes são tímidos, dê-lhes confiança.
Se seus adolescentes são confiantes demais, torne-os menos seguros.
Se seus adolescentes se unirem contra você, separe-os.
Envolva-se com eles quando menos esperarem.
Deixe-os sozinhos quando tiverem certeza de sua presença.

Você encontrará oportunidades para seus adolescentes se superarem.
Nunca desperdice tais oportunidades.

A ARTE DA GUERRA

Antes de partir para a guerra, você deve acreditar
que pode contar com a vitória.
Deve enumerar uma série de vantagens.
Antes de ir para a batalha, você deve acreditar que
é capaz de prever a derrota.
Você pode contar poucas vantagens.
Muitas vantagens colaboram para a vitória.
Poucas vantagens colaboram para a derrota.
Como você pode conhecer suas vantagens sem analisá-las?
Podemos saber onde estamos por meio de nossas observações.
Podemos antever a vitória ou a derrota com planejamento.

A ARTE DE CRIAR ADOLESCENTES

Antes de seus filhos chegarem à adolescência você deve saber que pode orientá-los.
Você pode encontrar muitas maneiras de engajá-los.
Antes de seus filhos se tornarem adolescentes, você deve saber que pode antecipar os perigos.
Vai encontrar poucos interesses para eles.
Muitos interesses os levam à segurança.
Poucos interesses os levam ao perigo.
Como você pode ajudá-los sem compreendê-los?
Você deve saber onde eles estão por meio de observações.
Deve antever sua segurança ou o perigo olhando adiante.

Ida à guerra

Tudo depende de como você emprega a filosofia militar.
Mover o exército requer milhares de veículos.
Esses veículos devem ser carregados milhares de vezes.
O exército deve contar com um imenso suprimento de armas.
Você precisa de quatro mil hectares de grão.
Isso resulta em escassez interna e externa.
Qualquer exército consome recursos como um invasor.
Utiliza cola e tinta para madeira.
Requer blindagem para seus veículos.
As pessoas se queixam por perder grande quantidade de metal.
Isso o reterá quando você movimentar
dezenas de milhares de tropas.

Adotar um exército grande torna a guerra
cara demais para ser vencida.
Longos atrasos dão origem a exércitos
entediados e terríveis derrotas.
Atacar cidades inimigas esgota suas forças.
Longas campanhas que esgotam os recursos
da nação causam prejuízos.

Desafios dos anos adolescentes

Tudo depende de como você usa o orgulho familiar.
Todo adolescente enfrenta milhares de mudanças.
Essas mudanças requerem milhares de decisões.
Seus filhos devem desenvolver um conjunto de habilidades.
Você deve investir tempo e dinheiro.
Nunca há dinheiro suficiente para tudo que as crianças querem.
Todo adolescente gasta dinheiro como se fosse de graça.
Eles exigem roupas da moda e carros legais.
Eles o forçam a controlar seus próprios gastos.
Os adolescentes sempre se queixam por não terem dinheiro suficiente.
Você irá à falência se tentar atender a todas as solicitações por dinheiro.

Mimar seus adolescentes dificulta a tarefa de
educá-los.
Mimá-los incentiva o tédio e o comportamento
de risco.
Superar maus hábitos enraizados é muito difícil.
Uma infância artificialmente estendida que esgota seus recursos é
prejudicial.

A ARTE DA GUERRA

Comande um exército entediado.
Você sofrerá derrotas contundentes.
Esgote suas forças.
Seu dinheiro será consumido.
Seus rivais se multiplicam enquanto seu exército
desmorona, e eles cairão sobre você.
Não importa quão inteligente você seja.
Não pode ir em frente assumindo perdas!

Você ouve falar de pessoas que vão à guerra depressa demais.
Mesmo assim, não terá notícia de uma guerra habilidosa
que se estenda por muito tempo.

Você pode lutar numa guerra por muito tempo
ou pode fortalecer sua nação.
Não pode fazer ambos.

Você nunca poderá entender totalmente todos
os perigos de usar exércitos.
Também nunca entenderá totalmente as vantagens de usá-los.

Você quer fazer bom uso da guerra.
Não crie tropas repetidamente.
Não carregue muitos suprimentos.
Escolha ser útil à sua nação.
Desnutra o inimigo.
Faça seu exército transportar apenas as provisões necessárias.

A ARTE DE CRIAR ADOLESCENTES

Espere pouco de seus adolescentes.
Eles sofrerão por isso.
Desperdice sua energia.
Você esgotará seus recursos.
Você abre a porta para uma horda de problemas e perigos mais sérios.
Não importa quão inteligente você pensa ser.
Não pode ajudar adolescentes simplesmente mimando-os.

Você pode esperar que seus adolescentes cresçam depressa demais.
Mesmo assim, adolescentes bem-sucedidos não têm sempre suas vontades satisfeitas.

Você pode mimar seus adolescentes ou incentivá-los a serem responsáveis.
Não pode fazer as duas coisas.

Você nunca poderá conhecer completamente todos os perigos que seus adolescentes correm.
Também nunca conhecerá todas as possíveis oportunidades para eles.

Você deve fazer bom uso de suas habilidades de educador.
Não faça ameaças repetidamente.
Não dê a seus adolescentes tudo que eles querem.
Escolha enfatizar a importância do orgulho familiar.
Dê a eles tarefas remuneradas.
Faça-os gastar o próprio dinheiro naquilo de que necessitam.

A ARTE DA GUERRA

A nação empobrece ao abastecer tropas muito distantes.
O transporte para locais afastados é caro para centenas de famílias.
Suprir um exército próximo também é dispendioso.
Esses valores elevados também empobrecem centenas de famílias.
Os recursos esgotam-se rapidamente sustentando uma força militar.
Forças militares consomem inteiramente a riqueza de uma nação.
A guerra deixa sem nada os lares no antigo coração do país.

A guerra destrói centenas de famílias.
De cada dez famílias, apenas sete sobrevivem.
A guerra esvazia depósitos.
Exércitos falidos livram-se de suas montarias.
Desfazem-se de suas armaduras, dos capacetes e das lanças.
Perdem suas espadas e seus escudos.
Deixam seus carros sem bois.
A guerra consome 60 por cento de tudo que se tem.

Por isso, é dever do comandante desnutrir o inimigo.

Use uma xícara do alimento do inimigo.
Ela vale 20 vezes a sua.
Use um alqueire de grão do inimigo.
Ele valerá 20 dos seus.

Você pode matar o inimigo e frustrá-lo também.
Tome do inimigo sua força roubando seus suprimentos.

A ARTE DE CRIAR ADOLESCENTES

A família enfraquece quando os pais isolam seus filhos das realidades da vida.
Educação superprotetora destrói milhares de famílias.
Tentar ser amigo de seu adolescente é um erro custoso.
Comprar a amizade de seu adolescente também pode destruir sua família.
Pais podem esgotar rapidamente seus recursos tentando manter seus filhos felizes.
Criar adolescentes pode consumir inteiramente as economias de sua família.
Não deixe os anos da adolescência destruírem o amor que mantém sua família unida.

As brigas com seus adolescentes podem destruir sua família.
A grande maioria das famílias tem alguns problemas.
Você pode passar toda a vida poupando para mandar seu filho para a faculdade.
Adolescentes problemáticos desperdiçam esse investimento.
Eles se dispõem a jogar fora seus talentos e habilidades.
Eles não se preocupam com a própria proteção.
Eles deixam seu carro sem gasolina.
Muitos adolescentes esbanjam o que suas famílias investem.

*P*or isso, é seu dever ensinar a seus filhos o valor do dinheiro.

Faça seus filhos gastarem o próprio dinheiro.
Ele valerá 20 vezes o dinheiro que você der a eles.
Deixe-os investir nos próprios interesses e educação.
Esse investimento valerá 20 vezes qualquer outro que você faça.

Você pode controlar seus adolescentes e incentivá-los também.
Tome deles o tempo perdido forçando-os a realizar trabalho produtivo.

A Arte da Guerra

Lute pelos comboios de suprimentos do inimigo.
Capture os suprimentos dele usando força avassaladora.
Recompense o primeiro que os capturar.
Depois mude as flâmulas e bandeiras deles.
Misture-os aos seus para aumentar sua fileira de suprimentos.
Mantenha seus soldados fortes, sustentando-os.
Esse é o significado de atacar enquanto se torna mais poderoso.

Faça a vitória na guerra pagar seu próprio preço.
Evite campanhas longas e caras.
O conhecimento do comandante militar é a chave.
Ele determina se os oficiais civis podem governar.
E se os lares da nação são pacíficos
ou um perigo para o Estado.

A ARTE DE CRIAR ADOLESCENTES

Pressione seus filhos para que trabalhem.
Concentre todos os seus esforços para que eles tenham sucesso na busca por um emprego.
Elogie o primeiro filho a conseguir um emprego.
Demonstre claramente que estão contribuindo para a família.
Compare o valor do trabalho deles ao valor do seu.
Mantenha seus filhos fortes dando a eles valores fortes.
Esse é o significado de superar a pressão social enquanto fortalece a família.

Faça o sucesso de seus adolescentes pagar o próprio preço.
Evite buscas por empregos muito longas e excessivamente seletivas.
Seu conhecimento como pai é o segredo.
Ele determina sua habilidade de controlar seus filhos.
Ele determina se seu lar é pacífico ou está em constante turbilhão.

Planejamento de um ataque

Todos confiam nas artes da guerra.
Uma nação unida é forte.
Uma nação dividida é fraca.
Um exército unido é forte.
Um exército dividido é fraco.
Uma força unida é forte.
Uma força dividida é fraca.
Homens unidos são fortes.
Homens divididos são fracos.
Uma unidade unida é forte.
Uma unidade dividida é fraca.

A unidade funciona porque o capacita a vencer
todas as batalhas que lutar.
Mesmo assim, esse é o objetivo ingênuo de um líder fraco.
Evite a batalha e faça os homens do inimigo se renderem.
Esse é o verdadeiro objetivo de um líder superior.

Uso do controle dos pais

Seus adolescentes dependem da sua habilidade como pai.
Uma família unida é forte.
Uma família dividida é fraca.
Regras claramente definidas são compreendidas.
Regras vagas confundem.
Uma decisão conjunta é respeitada.
Decisões isoladas podem ser ignoradas.
Adolescentes focados são bem-sucedidos.
Adolescentes desconectados estão em perigo.
Um sentimento de família é muito valioso.
A falta da família é perigosa.

Quanto mais focado você é, mais facilmente vai superar a resistência adolescente.
Mas superar a resistência não cria um bom pai.
Evite a resistência e conquiste o envolvimento de seus adolescentes.
Esse é o caminho certo para um pai bem-sucedido.

A Arte da Guerra

A melhor política é atacar enquanto
o inimigo ainda está planejando.
A segunda melhor é perturbar alianças.
A terceira é atacar o exército oponente.
A pior é atacar as cidades do inimigo.

Isso é o que acontece quando você ataca uma cidade.
Você pode tentar, mas não concluirá tal feito.
Primeiro você deve construir artefatos de sítio.
Precisa do equipamento e da maquinaria adequados.
Você usa três meses e ainda não pode vencer.
Então, você tenta cercar a área.
Usa mais três meses e não obtém progresso.
O comandante ainda não alcança a vitória e isso o enfurece.
Então ele tenta invadir a cidade.
Isso ocupa um terço de seus oficiais e soldados.
Ele ainda não consegue arrancar o inimigo da cidade.
Esse ataque é um desastre.

Faça bom uso da guerra.
Faça as tropas inimigas se renderem.
Você pode fazer isso lutando apenas em batalhas menores.
Pode atrair seus inimigos para fora de suas cidades.
Pode conseguir tal coisa com pequenos ataques.
Você pode destruir os homens de uma nação.
A campanha deve ser breve.

A ARTE DE CRIAR ADOLESCENTES

A melhor opção é guiar os adolescentes antes que eles tomem decisões ruins.
A segunda melhor é controlar suas amizades.
A terceira é vetar suas decisões.
A pior é tentar mudar hábitos estabelecidos.

Isso é o que acontece quando você ataca um comportamento estabelecido.
Você pode criticá-lo, mas não pode mudá-lo.
Primeiro, você tenta o uso da lógica contra ele.
Pode usar evidência persuasiva e razão.
Pode discutir por meses, e seus adolescentes não o ouvirão.
Então, você tenta pegá-los cada vez que se comportam mal.
Depois de alguns meses de trabalho, você não faz nenhum progresso.
Você fica frustrado e furioso.
Então, você ataca o caráter de seus adolescentes.
Isso custa mais influência.
Você ainda não consegue deslocá-los de sua posição.
Esse tipo de educação dos filhos é um desastre.

*F*aça bom uso de sua influência de pai ou mãe.
Conquiste o envolvimento de seus adolescentes.
Você pode fazer isso lutando apenas em batalhas menores.
Pode impedir maus hábitos antes de estarem formados.
Pode conseguir tais coisas usando pressão sutil, menor.
Você pode desfazer as más influências sociais.
Deve limitar sua interferência.

A ARTE DA GUERRA

Explore a guerra por inteiro, lutando com tudo que tiver.
Nunca deixe de lutar quando estiver em guerra.
Você pode obter total vantagem.
Para isso, deve planejar sua estratégia de ataque.

As regras para fazer a guerra são:
Se você tiver dez homens para cada um do inimigo, cerque-os.
Se tiver cinco homens para cada um deles, ataque-os.
Se tiver dois homens para cada um, divida-os.
Se estiverem em igual número, pense em uma estratégia conveniente.
Se estiver em número inferior, defenda-se contra eles.
Se forem muito mais fracos, evite-os.

Pequenas forças não são poderosas.
No entanto, grandes forças não podem pegá-las.

Você deve ter o comando.
A nação deve apoiá-lo.

Apoiar o exército faz uma nação poderosa.
Não apoiar o exército faz uma nação fraca.

Os políticos criam problemas para o exército.
Ignorantes da incapacidade de esse exército
avançar, ordenam um avanço.
Ignorantes da incapacidade de esse exército
recuar, ordenam um recuo.
Isso é chamado de amarrar um exército.
Os políticos não entendem as questões militares.
Mesmo assim, acreditam poder comandar um exército.
Isso confunde os oficiais militares.

A ARTE DE CRIAR ADOLESCENTES

Comprometa-se totalmente com a proteção de seus filhos.
Nunca ceda em questões críticas.
Você pode fazer seu adolescente inteiramente confiável.
Para isso, deve planejar sua estratégia de educação.

Estas são as regras para educar filhos adolescentes:
Se sua influência é sufocante, dê espaço aos adolescentes.
Se sua influência é convincente, guie-os.
Se sua influência é forte, escolha seus amigos.
Se outras influências contrariam as suas, escolha questões importantes.
Se sua influência está enfraquecida, defenda ideais de família.
Se você tem pouca influência, mantenha-se um passo à frente de seus adolescentes.

Você pode ter menos influência que a sociedade como um todo.
No entanto, a sociedade não se importa com seus filhos como você.

Você deve dominar o estabelecimento de limites.
Sua família deve apoiá-lo.

Estabelecer limites claros faz uma família forte.
Não estabelecer limites claros faz uma família fraca.

Os pais fracos criam problemas para seus adolescentes.
Ignorantes das limitações de seus filhos, exigem realizações específicas.
Ignorantes das habilidades de seus filhos, aceitam desempenho fraco.
Isso é chamado de subestimar seus filhos.
Os pais fracos não entendem as habilidades únicas de seus filhos.
Mesmo assim, acreditam estar no controle.
Isso só frustra seus filhos.

A ARTE DA GUERRA

Os políticos não conhecem a cadeia de comando militar.
Dão ao exército excessiva liberdade.
Isso cria desconfiança entre os oficiais militares.

Todo o exército torna-se confuso e desconfiado.
Isso convida muitos rivais diferentes à invasão.
Dizemos corretamente que a desordem impede a vitória.

Você deve saber cinco coisas para vencer:
A vitória acontece quando se sabe atacar e evitar a batalha.
A vitória acontece quando se usa corretamente grandes
e pequenas forças.
A vitória acontece quando todos compartilham suas metas.
A vitória acontece quando se encontram
oportunidades em problemas.
A vitória acontece por causa de um comandante capaz
e um governo que o deixe agir em paz.
Você deve conhecer essas cinco premissas.
Então você conhece a teoria da vitória.

Dizemos:
"Conheça-se e conheça seu inimigo.
Você estará seguro em todas as batalhas.
Você pode se conhecer mas não conhecer o inimigo.
Então, perderá uma batalha para cada outra que vencer.
Você pode não conhecer a si mesmo ou ao inimigo.
Então perderá todas as batalhas."

A ARTE DE CRIAR ADOLESCENTES

Pais fracos não entendem como usar sua autoridade.
Eles dão a seus adolescentes excessiva liberdade.
Isso cria incerteza para seus filhos.

Seus adolescentes podem se tornar confusos e cínicos.
Isso permite comportamento perigoso.
A falta de limites cria desconfiança e põe seus filhos em risco.

*V*ocê deve saber cinco coisas para educar adolescentes:
Bons pais sabem quando assumir uma posição e quando evitar o conflito.
Bons pais equilibram corretamente pequenas e grandes questões.
Bons pais compartilham seus valores com os filhos.
Bons pais transformam os problemas em oportunidades.
Bons pais sabem usar sua autoridade e evitar demonstrações de fraqueza.
Você deve dominar essas cinco habilidades.
Então você conhece a teoria de educar adolescentes

A experiência diz que:
Conheça seus filhos e conheça os perigos que eles enfrentam.
Assim, você poderá prepará-los para todos os desafios.
Você pode conhecer seus filhos, mas não os perigos.
Então, para cada batalha que você vencer, perderá outra.
Você pode não conhecer seus filhos ou os perigos.
Então perderá todas as batalhas.

POSICIONAMENTO

Aprenda com a história de batalhas bem-sucedidas.
Suas primeiras ações devem negar a vitória ao inimigo.
Preste atenção ao seu inimigo e encontre o caminho para a vitória.
Só você pode negar a vitória ao inimigo.
Só seu inimigo pode permitir que você vença.

Você deve lutar bem.
Você pode impedir a vitória do adversário.
Você não pode vencer a menos que o inimigo permita sua vitória.

Dizemos:
Você vê a oportunidade de vitória; não a cria.

Às vezes você é incapaz de vencer.
Então, deve defender-se.
Eventualmente você será capaz de vencer.
Então, deve atacar.
Defenda-se quando sua força for insuficiente para vencer.
Ataque quando tiver mais força do que a necessária para vencer.

Ensinando a realização

Aprenda com a experiência de pais bem-sucedidos.
Primeiro, você deve proteger seus filhos do perigo.
Preste atenção para descobrir onde eles podem se superar.
Você só pode preparar seus filhos para a realização.
Seus filhos devem aprender que podem ser bem-sucedidos por conta própria.

Você deve ser um bom pai.
Você pode preparar seus filhos para evitarem o perigo.
Você não pode ter sucesso enquanto eles não descobrirem uma paixão pelo sucesso.

A verdade é simples.
Você só aponta oportunidades; não pode criá-las.

Você não pode eliminar os perigos do mundo.
Deve preparar seus filhos para encará-los.
Eventualmente, os adolescentes vão descobrir uma oportunidade para se sobressair.
Você deve prepará-los para aproveitá-la.
Defenda-os quando suas habilidades forem insuficientes para o sucesso.
Incentive-os quando tiverem habilidades suficientes para o sucesso.

A Arte da Guerra

Você deve se defender bem.
Poupe suas forças e ponha mãos à obra.
Você deve atacar bem.
Mova suas forças quando tiver uma vantagem clara.

Você deve proteger suas forças até poder triunfar por completo.

Alguns podem ver como vencer.
Entretanto, não conseguem posicionar suas forças onde é necessário.
Isso demonstra capacidade limitada.

Alguns podem lutar até a vitória e todo mundo elogiará a conquista.
Isso também demonstra uma capacidade limitada.

Faça da sua vitória algo tão fácil quanto recolher um fio de cabelo caído.
Não use todas as suas forças.
Reconheça o momento de se mover.
Não fique à procura de uma idéia brilhante.
Ouça o estalo do trovão.
Não tente ouvir algo sutil.

Aprenda com a história de batalhas bem-sucedidas.
A vitória é daqueles que vencem naturalmente.
Uma boa batalha é aquela que, obviamente, você vai vencer.
Não é necessário inteligência para obter reputação.
Não é preciso coragem para alcançar sucesso.

A ARTE DE CRIAR ADOLESCENTES

Você deve defender bem seus filhos.
Proteja-os e instile valores.
Você deve incentivá-los com sabedoria.
Encoraje-os a se superarem onde realmente podem ser bem-sucedidos.

Você deve nutrir seus adolescentes até que eles alcancem o sucesso.

Você pode ver onde seus adolescentes podem se superar
Mas não saber como interessá-los pela realização.
Isso demonstra habilidade limitada.

Seus filhos podem ser bem-sucedidos se você os incentivar continuamente à excelência.
Isso também demonstra habilidade limitada.

O sucesso de seus filhos pode vir facilmente.
Não os pressione demais.
Aguarde pelo momento adequado.
Não tente ser muito astuto.
Descubra o que interessa a eles.
Não imagine interesse onde ele não existe.

Aprenda com a experiência de pais bem-sucedidos.
O sucesso vai para os pais que fazem da realização algo natural.
Incentive as crianças quando estiverem claramente prontas para ouvir.
Seus filhos não precisam ser gênios para ter egos saudáveis.
Seus filhos não precisam ser bravos para desenvolver confiança.

A ARTE DA GUERRA

Você deve vencer suas batalhas sem esforço.
Evite empreitadas difíceis.
Lute quando sua posição garante a vitória.
Você sempre vence ao prevenir-se da derrota.

Você deve envolver-se apenas em batalhas promissoras.
Posicione-se onde não puder perder.
Nunca perca uma oportunidade de derrotar seu inimigo.

Você ganha uma guerra assegurando-se antes de sua vitória.
Só depois disso você parte para a luta.
Manobre o inimigo antes da batalha e depois lute para vencer.

Você deve fazer bom uso da guerra.
Estude a filosofia militar e a arte da defesa.
Você pode controlar sua vitória ou derrota.

Esta é a arte da guerra.
1. Discuta as distâncias.
2. Discuta seus números.
3. Discuta seus cálculos.
4. Discuta suas decisões.
5. Discuta a vitória.
O território determina a distância.
A distância determina seus números.
Seus números determinam seus cálculos.
Seus cálculos determinam suas decisões.
Suas decisões determinam sua vitória.

A ARTE DE CRIAR ADOLESCENTES

Você deve ensinar realização sem criar resistência.
Evite brigar com seus adolescentes.
Encoraje a realização quando eles puderem alcançar o sucesso.
Seu sucesso acontece quando você impede a indiferença.

Você deve engajar-se apenas em batalhas bem-sucedidas com os adolescentes.
Incentive-os quando souber que podem vencer.
Nunca perca uma oportunidade de ensinar realização.

Você educa adolescentes descobrindo o que podem realizar.
Só depois disso você os pressiona para se superarem.
Impeça o tédio e a indiferença antes de seu estabelecimento, instilando sucesso.

Você deve fazer bom uso da autoridade parental.
Promova ideais de família para proteger seus filhos.
Você pode incentivar a realização do adolescente.

Esta é a arte de educar filhos adolescentes:
1. Discuta suas forças.
2. Discuta suas oportunidades.
3. Discuta suas chances de sucesso.
4. Discuta suas escolhas.
5. Discuta realização.

Seu ambiente determina suas forças.
Suas forças determinam suas oportunidades.
Suas oportunidades determinam suas chances de sucesso.
Suas chances de sucesso determinam suas escolhas.
Suas escolhas determinam sua realização.

A ARTE DA GUERRA

Criar uma guerra vitoriosa é como equilibrar uma
moeda de ouro contra uma moeda de prata.
Criar uma guerra derrotada é como equilibrar uma moeda
de prata contra uma moeda de ouro.

Vencer uma batalha é sempre uma questão que envolve pessoas.
Você as joga à luta como uma torrente em um desfiladeiro profundo.
É uma questão de posicionamento.

A ARTE DE CRIAR ADOLESCENTES

Criar adolescentes bem-sucedidos significa exigir deles o melhor, não o segundo melhor.
Criar adolescentes problemáticos significa aceitar esforços medianos no lugar do melhor empenho.

Ser um pai bem-sucedido é sempre uma questão de caráter.
Você tem filhos envolvidos permitindo que eles se entusiasmem com o próprio entusiasmo.
É uma questão de ensinar realização.

MOMENTUM

Você controla um grande exército bem como alguns poucos homens.
Só tem de dividir suas fileiras corretamente.
Lutar contra um grande exército é igual a lutar contra um pequeno.
Você só precisa da posição e da comunicação certas.
Você pode encontrar um grande exército inimigo.
Você deve ser capaz de encontrar o inimigo sem ser derrotado.
Você deve usar corretamente tanto a surpresa quanto a ação direta.
A posição de seu exército deve aumentar sua força.
Tropas flanqueando um inimigo podem esmagá-lo como ovos.
Você deve usar corretamente tanto a força quanto a fraqueza.

Todas as batalhas são iguais.
Você utiliza uma abordagem direta para comprometer o inimigo.
Você se utiliza do fator surpresa para vencer.

Você deve usar o fator surpresa para uma invasão bem-sucedida.
A surpresa é tão infinita quanto o clima e o terreno.
A surpresa é tão inesgotável quanto o fluxo de um rio.

Direção

*V*ocê controla adolescentes da mesma maneira que controla crianças pequenas.
Só precisa direcionar corretamente seus interesses.
Solucionar grandes problemas é o mesmo que solucionar problemas pequenos.
Você precisa da experiência correta e de habilidades de comunicação.
Você pode encontrar desafios assustadores.
Você é capaz de abordar qualquer dificuldade sem fracassar como pai responsável.
Você deve agir tanto de forma criativa quanto de forma convencional.
As realizações de seus adolescentes aumentarão sua influência.
O sucesso deles torna as tentações menos atraentes.
Você deve equilibrar as forças e as fraquezas de seus filhos.

É igual para todos os adolescentes.
Você utiliza discursos padrão para orientar adolescentes.
Você deve ser criativo para convencê-los.

Você deve usar a criatividade para penetrar no mundo de seus adolescentes.
Moda e sociedade oferecem vasto material para invenção.
Um fluxo constante de surpresas é sempre possível.

A ARTE DA GUERRA

Podemos ser detidos e ainda recuperar a iniciativa.
Devemos usar cada dia e cada mês corretamente.

Se for derrotado, você pode se recuperar.
É necessário usar as quatro estações corretamente.

Existem apenas algumas poucas notas na escala.
Mesmo assim, você sempre pode rearranjá-las.
Nunca se pode ouvir todas as canções da vitória.

Existem apenas algumas poucas cores básicas.
No entanto, você pode sempre misturá-las.
Nunca se pode ver todos os tons da vitória.

Existem apenas alguns sabores.
No entanto, você sempre pode misturá-los.
Nunca se pode provar todos os sabores da vitória.

Você luta com *momentum*.
Existem apenas alguns poucos tipos de surpresas e ações diretas.
No entanto, você sempre pode variar as que usa.
Não há limites para as maneiras pelas quais se pode vencer.

Surpresa e ação direta dão origem uma à outra.
Elas dão continuidade uma à outra num ciclo interminável.
Não se pode esgotar todas as combinações possíveis!

A ARTE DE CRIAR ADOLESCENTES

Os adolescentes podem rejeitar a convenção e ainda evitar o perigo real.
Você deve se preocupar com o longo prazo.

Sua orientação pode sofrer deboche, mas, no final, ser aceita.
Você deve aprender a não se incomodar com os humores adolescentes.

Existem apenas algumas notas básicas na escala.
Mas os estilos musicais sempre mudam.
Você pode utilizar a nova música para moldar seus adolescentes.

Existem apenas algumas poucas cores básicas e estilos.
Mas a moda muda constantemente.
Você pode usar os novos estilos para moldar seus adolescentes.

Existem apenas alguns gostos básicos.
Mas o que agrada os adolescentes está sempre mudando.
Você pode usar as últimas modas para moldar seus adolescentes.

Para educar adolescentes você deve direcioná-los.
Você só precisa de algumas surpresas e discursos padrão.
Você deve mudar continuamente a abordagem que utiliza.
Não há limites para as maneiras pelas quais você pode impressionar adolescentes.

Criatividade e orientação padrão dão origem uma à outra.
Invenção leva a padrões e padrões levam à invenção.
Não se pode esgotar todas as maneiras de combiná-las.

A ARTE DA GUERRA

Fluxos de água se unem rapidamente.
Sua pressão remove fronteiras.
Isso é *momentum*.

Um gavião ataca subitamente um pássaro.
O contato é suficiente para matar a presa.
Isso é *timing*.

Você só deve enfrentar batalhas promissoras.
Seu *momentum* deve ser envolvente.
Seu *timing* deve ser exato.

Seu *momentum* é como a tensão de um arco inclinado.
Seu *timing* é como o impulso de um gatilho.

A guerra é complicada e confusa.
A batalha é caótica.
Mesmo assim, você não deve permitir o caos.

A guerra é acidentada e sinuosa.
As posições se alteram.
Mesmo assim, você nunca deve ser derrotado.

O caos dá origem ao controle.
O medo dá origem à coragem.
A fraqueza dá origem à força.

Você deve controlar o caos.
Isso depende do seu planejamento.
Seus homens devem enfrentar os medos.
Isso depende do *momentum*.

A ARTE DE CRIAR ADOLESCENTES

*M*udanças durante a adolescência ocorrem rapidamente.
A pressão da mudança remove velhos hábitos.
Isso é direção.

Um antigo aviso de repente faz todo sentido.
Sua súbita relevância é suficiente para convencer.
Isso é compreensão.

Você deve sempre proteger seus adolescentes.
Essa direção básica deve ser bem estabelecida.
Seus entendimentos devem ser oportunos.

A pressão da orientação dos pais aumenta a tensão adolescente.
A compreensão alivia essa tensão em um instante.

*O*s adolescentes são complicados e confusos.
Suas vidas são caóticas.
Mesmo assim, você deve impedir o caos.

Ser pai é acidentado e sinuoso.
Os papéis se alteram constantemente.
Mesmo assim, você deve sempre proteger seus adolescentes.

A confusão dos adolescentes possibilita o controle.
Os medos dos adolescentes dão a eles a coragem para resistir à tentação.
Sua juventude é a origem de sua força.

Você deve controlar a confusão.
Isso depende da sua previdência.
Seus adolescentes devem ter a coragem de suas convicções.
Isso depende da direção que você dá a eles.

A ARTE DA GUERRA

Você tem forças e fraquezas.
Elas vêm de sua posição.

Force o inimigo a mover-se de acordo com sua vantagem.
Use sua posição.
O inimigo deve segui-lo.
Ceda uma posição.
O inimigo deve ocupá-la.
Você pode oferecer uma vantagem para mudá-lo.
Pode usar seus homens para mudá-lo.
Use sua força para retê-lo.

Você quer uma batalha bem-sucedida.
Para isso, deve buscar *momentum*.
Não se limite a exigir uma boa batalha de sua gente.
Você deve escolher bons homens e depois dar a eles *momentum*.

Você deve criar *momentum*.
Você o cria com seus homens durante a batalha.
Isso é comparável a rolar árvores e pedras.
Elas podem ser roladas por causa de seu formato e peso.
Ofereça segurança aos homens, e eles se manterão calmos.
Coloque-os em perigo, e eles agirão.
Dê a eles um lugar, e eles o preservarão.
Junte-os, e eles marcharão.

Você torna seus homens poderosos na batalha com *momentum*.
Isso é como rolar pedras redondas do alto de um precipício.
Use seu *momentum*.

A ARTE DE CRIAR ADOLESCENTES

Seus adolescentes têm forças e fraquezas.
Elas vêm de seu caráter.

Você deve definir as tentações para que os adolescentes possam resistir a elas.
Use suas experiências.
Seus adolescentes o seguirão.
Admita que as tentações sempre foram populares.
A experimentação deve parecer fora de moda.
Você pode oferecer uma recompensa para motivá-los.
Você pode usar punições para controlá-los.
Construa caráter para retê-los.

Você quer adolescentes bem-sucedidos.
Deve dar-lhes direção.
Não se limite a exigir que eles resistam à tentação.
Reforce seus valores e dê a eles objetivos claros.

Seus adolescentes devem ter os objetivos corretos.
A direção vem das escolhas que eles fazem quando tentados.
Espere que sigam o caminho de menor resistência.
Os adolescentes fazem boas escolhas por causa de seu caráter.
Se são confiantes, eles permanecerão calmos.
Quando enfrentarem riscos, eles agirão.
Dê a eles uma identidade, eles a preservarão.
Faça-os integrar os grupos certos para inspirá-los.

Faça seus filhos confiáveis dando-lhes objetivos.
Você deve tornar fácil e natural para eles fazer as escolhas certas.
Dê a eles direção.

FRAQUEZA E FORÇA

Chegue sempre primeiro ao campo de batalha para esperar o inimigo de acordo com sua conveniência.
Seguir atrasado e com pressa para o campo de batalha fará a luta difícil.

Você quer uma batalha bem-sucedida.
Mova seus homens, mas não contra forças opostas.

Você pode fazer o inimigo vir até você.
Dê a ele uma vantagem.
Você pode fazer o inimigo evitar vir até você.
Ameace-o com o perigo.

Quando o inimigo está renovado, você pode cansá-lo.
Quando ele está bem alimentado, você pode levá-lo à fome.
Quando ele está relaxado, você pode movê-lo.

INSEGURANÇA E CONFIANÇA

Você quer preparar seus adolescentes para as tentações antes que eles as encontrem.
Se seus adolescentes se envolvem em comportamentos de risco, é difícil endireitá-los.

Você quer filhos felizes.
Mantenha-os ativos, mas não com atividades arriscadas.

Você pode atrair seus adolescentes.
Recompense-os por isso.
Você pode fazer os adolescentes evitarem situações de risco.
Ameace-os com punição.

Se seus filhos parecem descansados, atribua tarefas a eles.
Se são arrogantes, você pode privá-los de seus luxos.
Se são preguiçosos, você pode colocá-los em movimento.

A ARTE DA GUERRA

Deixe qualquer lugar sem pressa.
Corra para onde não é esperado.
Você pode marchar facilmente por centenas
de quilômetros sem se cansar.
Para isso, viaje por áreas que estão desertas.
Você deve tomar tudo que atacar.
Ataque quando não houver defesa.
Você deve ter muralhas para defender.
Defenda quando for impossível atacar.

Seja habilidoso no ataque.
Não dê ao inimigo a idéia de onde defender.

Seja habilidoso em sua defesa.
Não dê ao inimigo a idéia de onde atacar.

Seja sutil! Seja sutil!
Chegue sem nenhuma formação clara.
Silêncio! Silêncio!
Chegue sem fazer nenhum ruído.
Você deve usar toda a sua habilidade para controlar
as decisões do inimigo.

Avance para onde eles não possam se defender.
Ataque por suas aberturas.
Recue para onde o inimigo não possa persegui-lo.
Mova-se rapidamente para que eles não possam alcançá-lo.

A ARTE DE CRIAR ADOLESCENTES

Remova lentamente as restrições dos adolescentes.
Dê mais liberdade quando eles menos esperarem.
Você pode deixá-los livres por dias sem nenhum risco.
Mas deve fazê-lo em situações nas quais não haja risco.
Você deve ser obedecido quando estabelecer regras.
Torne a desobediência indefensável.
Você deve impor limites ao comportamento adolescente.
Imponha restrições que possa defender facilmente.

Seja habilidoso ao criticar seus adolescentes.
Evite suas tendências naturais para se tornarem defensivos.

Seja habilidoso ao criar regras.
Não dê aos adolescentes nenhuma idéia sobre como enganá-lo.

Seja ardiloso e indireto.
Não deixe seus adolescentes saberem de suas suspeitas.
Entre silenciosamente nos quartos.
Apareça quando não for esperado.
Você deve controlar de maneira habilidosa as decisões de seus adolescentes.

Dê a seus adolescentes responsabilidades que eles não possam evitar.
Preencha suas horas vazias.
Afaste-se de seus adolescentes quando fizerem exigências.
Mantenha-os tão ocupados que não possam pressioná-lo.

A ARTE DA GUERRA

Eu sempre escolho minhas batalhas.
O inimigo pode se esconder por trás de altas muralhas ou em profundas trincheiras.
Não tento vencer enfrentando-o diretamente.
Em vez disso, ataco um lugar que ele tenha de resgatar.
Evito as batalhas que não quero.
Posso dividir o território e ainda defendê-lo.
Não dou ao inimigo nada para conquistar.
Distraia-o daquilo que você defende.

Faço os inimigos tomarem uma posição enquanto não tomo nenhuma.
Depois, concentro minhas forças enquanto o inimigo divide as dele.
Onde me concentro, uno minhas forças.
Quando o inimigo se divide, ele cria pequenos grupos.
Quero que meu grande grupo ataque um desses pequenos grupos.
Então, tenho muitos homens onde o inimigo só tem alguns poucos.
Minha grande força pode suplantar sua pequena força.
Então, passo para o próximo pequeno grupo inimigo.
Cuide de um de cada vez.

Devemos manter em segredo o local escolhido para campo de batalha.
O inimigo não deve saber.
Force o inimigo a preparar sua defesa em muitos lugares.
Quero que o inimigo defenda muitos lugares.
Então posso escolher onde lutar.
Suas forças estarão fracas ali.

A ARTE DE CRIAR ADOLESCENTES

Você deve escolher seus confrontos.
Seus adolescentes podem se entrincheirar em seus quartos.
Você não pode tirá-los de lá gritando com eles.
Em vez disso, você os atrai para fora controlando seus desejos.
Evite confrontos que não quer ter.
Você define o relacionamento e as regras.
Não comprometa suas decisões para apaziguar seus adolescentes.
Mantenha-os ocupados para que não possam se envolver em mau comportamento.

*F*aça seus adolescentes contarem sua história antes de criticá-los.
Concentre seu questionamento nas brechas de sua história.
Foque sua energia em um aspecto dessa história.
Quando eles dissimulam, suas histórias têm muitas lacunas.
Foque sua energia em um assunto de cada vez.
Foque seu questionamento onde eles têm pouca defesa.
Sua experiência pode suplantar facilmente a inexperiência deles.
Então, você pode passar para o próximo assunto.
Aborde um assunto de cada vez.

*V*ocê deve manter em segredo seus planos para mudar um comportamento específico.
Seus adolescentes não devem suspeitar de suas intenções.
Eles serão naturalmente defensivos em tudo que fizerem.
Você quer que eles defendam tudo.
Então pode escolher que comportamento específico modificar.
Suas defesas estarão fracas nessa área específica.

Se ele reforça suas linhas de frente, deixa
enfraquecida a retaguarda.
Se reforça a retaguarda, enfraquece a frente.
Se reforça a direita, enfraquece a esquerda.
Se reforça a esquerda, enfraquece a direita.
Sem saber qual será o lugar do ataque, ele não pode se preparar.
Sem um lugar, ele estará fraco em todos os lugares.

O inimigo tem pontos fracos.
Prepare seus homens contra eles.
Ele tem pontos fortes.
Faça os homens dele se prepararem contra você.

Você deve conhecer o local da batalha.
Deve conhecer o tempo da batalha.
Então, poderá viajar milhares de quilômetros e ainda vencer.

O inimigo não deve conhecer o local da batalha.
Ele não deve saber qual será o tempo da batalha.
Sua esquerda será incapaz de apoiar a direita.
A direita não poderá apoiar a esquerda.
As linhas de frente dele não poderão sustentar a retaguarda.
E a retaguarda será incapaz de sustentar a vanguarda.
O apoio será distante, mesmo que esteja a apenas 15 quilômetros.
Que local desconhecido pode ser próximo?

Nós controlamos o equilíbrio de forças.
O inimigo pode ter muitos homens, mas eles são supérfluos.
Como podem ajudá-lo a conquistar a vitória?

A ARTE DE CRIAR ADOLESCENTES

Quando os adolescentes agem emocionalmente, não podem alegar indiferença.
Quando alegam indiferença, não podem usar as emoções.
Quando defendem um amigo, você pode focar outro.
Quando defendem uma ação, você pode abordar outra.
Se não esperam o ataque, eles não podem preparar a defesa.
Sem conhecer seu foco, eles não podem resistir a você.

Seus adolescentes têm pontos fracos.
Prepare-se para abordá-los.
Seus adolescentes têm pontos fortes.
Faça-os aguçar suas habilidades tentando prevê-lo.

Você deve saber que assuntos importantes quer abordar.
Você deve saber o tempo de abordá-los.
Você pode preparar tudo de que necessita para provar um ponto.

Seus adolescentes não devem saber que assuntos você quer abordar.
Eles não devem saber quando serão chamados a prestar contas.
Então, um adolescente não será capaz de apoiar o outro.
Então, a história de um adolescente não confirmará a de outro.
O que eles dirão inicialmente não sustentará o que farão mais tarde.
O que eles farão mais tarde não sustentará o que disseram inicialmente.
Os amigos próximos não poderão ajudá-los.
Se não conhecem seus planos, como eles poderão combatê-lo?

Você controla o desfecho dos confrontos.
Os adolescentes têm muitas emoções conflitantes.
Como essas emoções podem prejudicá-lo?

A ARTE DA GUERRA

Nós dizemos:
Devemos deixar a vitória acontecer.

O inimigo pode ter muitos homens.
Você ainda pode controlá-lo sem luta.

Quando você forma sua estratégia,
conhece as forças e fraquezas de seu plano.
Quando a executa, sabe como
lidar tanto com a ação quanto com a inatividade.
Quando assume uma posição, conhece
os territórios vitoriosos e os que são fatais.
Quando luta, sabe se tem muitos ou poucos homens.

Use sua posição como sua principal peça de guerra.
Chegue para a batalha sem uma formação.
Não assuma uma posição.
Então, nem mesmo os melhores espiões podem revelá-la.
Nem mesmo o mais astuto general pode planejar um contra-ataque.
Assuma uma posição com que possa triunfar com números superiores.
Mantenha as forças do inimigo ignorantes.
Suas tropas saberão de minha localização quando
minha posição for vencedora.
Eles não devem saber como nossa localização
nos dá uma posição vitoriosa.
Faça da batalha algo de que eles não possam se recuperar.
Você deve sempre ajustar sua posição à deles.

A ARTE DE CRIAR ADOLESCENTES

Nós dizemos:
Você deve deixar que eles provem a si mesmos.

Seus adolescentes podem ter muitos recursos.
Você ainda pode controlá-los sem luta.

Quando você faz planos para seus adolescentes, sabe o que será fácil e o que será difícil.
Quando age, sabe o que deve ser dito e o que não deve.
Quando assume uma posição, sabe que assuntos são críticos e que assuntos não têm importância.
Quando você tem um confronto, sabe quando está sendo muito duro ou muito brando.

Use os valores de sua família como pontos de partida para todas as regras.
Aborde cada situação por seus próprios méritos.
Não seja previsível.
Então, ninguém poderá acusá-lo de ser irracional.
Nem mesmo o mais astuto adolescente pode manobrá-lo.
Assuma uma posição impopular que possa defender tendo por base sua experiência.
Mantenha seus adolescentes ignorantes sobre seus erros.
Use histórias sobre sua experiência quando elas servirem para convencer seus adolescentes.
Eles não devem saber sobre as más decisões que tomou para acumular sua experiência.
Deixe claro que não vai mudar de idéia.
Você deve adaptar suas experiências para relacioná-las às deles.

A Arte da Guerra

Trate sua posição militar como água.
A água toma todas as formas.
Ela evita a altura e se move para baixo.
Sua guerra pode tomar qualquer forma.
Ela deve evitar o forte e atacar o fraco.
A água acompanha o formato da terra que direciona seu fluxo.
Suas forças seguem o inimigo que determina como você vencerá.

Faça guerra sem uma abordagem padrão.
A água não tem forma consistente.
Se você seguir as mudanças e oscilações do inimigo,
sempre pode vencer.
Chamamos isso de sombrear.

Lute cinco diferentes campanhas sem uma regra para a vitória.
Use as quatro estações sem uma posição consistente.
Seu tempo deve ser repentino.
Poucas semanas determinam seu fracasso ou sucesso.

A ARTE DE CRIAR ADOLESCENTES

Ajuste suas regras às personalidades de seus adolescentes.
Você não precisa ser consistente.
Os adolescentes começam sendo idealistas e se tornam cínicos.
Suas regras podem mudar.
Regras devem alimentar forças e abordar fraquezas.
A personalidade evolui a partir do ambiente que a desenvolve.
Você deve entender as influências destrutivas para alcançar o sucesso.

Você deve evitar idéias rígidas sobre educar filhos adolescentes.
Adolescentes bem-sucedidos podem tomar muitas formas.
Se você seguir as mudanças e oscilações de seu amadurecimento, sempre pode vencer.
Isso se chama sombrear.

Crie cinco adolescentes diferentes com cinco diferentes conjuntos de regras.
Ajuste suas regras às suas personalidades, não às suas idades.
Mude as regras imediatamente se não estiverem funcionando.
Poucas semanas ruins podem arruinar tudo.

Conflito armado

Todos usam as artes da guerra.
Você aceita ordens do governo.
Depois reúne seu exército.
Você organiza seus homens e constrói acampamentos.
Você deve evitar desastres decorrentes do conflito armado.

Buscar o conflito armado pode ser desastroso.
Um desvio pode ser o caminho mais curto.
Problemas podem se tornar oportunidades.

Use uma rota indireta como sua estrada.
Use a busca da vantagem para guiá-lo.
Quando ficar para trás, você deve alcançar a frente.
Quando estiver na frente, deve esperar.
Você deve conhecer o desvio que é mais conveniente ao seu plano.

Evite o conflito armado quando tiver alguma vantagem.
Buscar o conflito armado por si mesmo é perigoso.

Controle de discussões

Todo pai deve pensar estrategicamente.
Você constrói sua filosofia a partir da de seus pais.
Depois desenvolve gradualmente habilidades de pais.
Você cria regras e assume posições.
Você deve evitar desastres decorrentes do conflito.

Buscar discussões pode ser desastroso.
Por isso, você deve se dispor a usar o tato.
Discussões em potencial devem ser transformadas em oportunidades.

Seja indireto para evitar discussões.
Deixe-se guiar por sua busca por um lado mais brilhante.
Quando ferir sentimentos, você deve reparar o erro.
Quando exigir demais, deve esperar.
Você deve encontrar uma forma de construir caráter sem causar danos a seus filhos.

Planeje discussões quando tiver de provar um ponto.
Argumente para provar que sua autoridade é perigosa.

A ARTE DA GUERRA

Você pode formar um exército para lutar por uma vantagem.
Então, não vai pegar o inimigo.
Você pode forçar seu exército a ir lutar por uma vantagem.
Então, abandona seus fartos comboios de suprimentos.

Você mantém apenas a armadura e a pressa ao perseguir o inimigo.
Evita parar dia ou noite.
Usa muitas estradas ao mesmo tempo.
Percorre centenas de quilômetros para lutar por uma vantagem.
Então, o inimigo alcança seus comandantes e seu exército.
Seus soldados tão fortes chegam lá primeiro.
Os mais fracos vêm atrás.
Usando essa abordagem, apenas um em cada dez vai chegar.
Você pode percorrer 50 quilômetros para lutar pela vantagem.
Então, seus comandantes e exércitos vão fraquejar.
Desse modo, apenas a metade dos seus soldados vai conseguir.
Você pode percorrer 30 quilômetros para lutar pela vantagem.
Então, apenas dois em cada três vão chegar lá.

Se você fizer seus exércitos marcharem sem boas
fileiras de suprimentos, eles morrerão.
Sem suprimentos ou comida, seu exército vai morrer.
Se você não salvar a colheita, seu exército vai morrer.

A ARTE DE CRIAR ADOLESCENTES

Você se engana em pensar que pode mudar seus filhos brigando.
Você pode tentar, mas não os convencerá.
Você pode se forçar a controlar tudo que eles fazem.
Então, abandona os laços de afeto.

Você pode abordar problemas perseguindo nitidamente seus adolescentes.
Você pode monitorá-los dia e noite.
Você pode tentar verificar tudo que eles fazem.
Dedica todos os seus esforços tentando controlá-los.
Isso afasta seus adolescentes de você e de seus valores.
Você se torna antes de tudo um oponente.
Suas boas intenções se perdem no conflito.
Usando essa abordagem, apenas um em cada dez pais será bem-sucedido.
Tente lutar pelo controle de maneira menos extrema.
No final, você fará papel de tolo.
Você terá apenas metade do sucesso que poderia ter.
Você tenta vencer as mais simples batalhas com seus adolescentes.
Ainda assim, isso só vai funcionar em parte do tempo.

Se você tentar orientar seus adolescentes a usarem os laços afetivos, vai fracassar.
Sem amor e carinho, seus esforços fracassarão.
Se você não desenvolver o relacionamento, seus esforços fracassarão.

A ARTE DA GUERRA

Não permita que seus inimigos saibam o que está planejando.
Você deve permanecer com o inimigo.
Deve conhecer o contorno da terra.
Deve saber onde estão as obstruções.
Deve saber onde ficam os pântanos.
Se não, não poderá mover seu exército.
Você deve usar guias locais.
Se não, não poderá tirar vantagem do terreno.

Você faz a guerra usando uma posição ilusória.
Se usar a ilusão, então poderá se mover.
Usando a ilusão, você pode perturbar o inimigo e mudar a situação.
Você deve se mover com a velocidade do vento.
Deve se levantar como a floresta.
Deve invadir e destruir como fogo.
Deve permanecer imóvel como uma montanha.
Deve ser misterioso como a névoa.
Deve atingir como o retumbar do trovão.

Divida suas tropas para saquear os vilarejos.
Quando se está em território aberto, optar por dividir é uma vantagem.
Não se preocupe com a organização, apenas se mova.
Seja o primeiro a encontrar uma nova rota que
conduza diretamente a um plano vitorioso.
É assim que se alcança o sucesso no conflito armado.

A ARTE DE CRIAR ADOLESCENTES

Não permita que seus adolescentes saibam o que você está verificando.
Você deve conversar com seus filhos.
Deve conhecer suas companhias.
Deve saber se algum de seus conhecidos é perigoso.
Deve saber o que os frustra.
Se não, não poderá tomar as decisões acertadas.
Você deve conhecer seus amigos.
Se não, não poderá tirar proveito da influência dos melhores de seu grupo.

Você controla seus adolescentes usando psicologia reversa.
Disfarçando suas intenções, poderá influenciá-los.
Disfarçando suas intenções, poderá mantê-los longe do perigo.
Você deve ser rápido ao utilizar pressão sutil.
Deve aparecer repentinamente.
Deve invadir e demonstrar afeição.
Deve usar sua presença sem agir.
Deve ser misterioso sobre o que planeja.
Deve agir com ousadia quando souber o que deve ser feito.

Remova as restrições quando seus adolescentes têm oportunidades.
Quando eles têm oportunidades, afrouxar as regras funciona.
Não se preocupe em aplicar as regras; persiga as oportunidades.
Seja o primeiro a encontrar um meio-termo que ponha seus adolescentes no caminho certo.
É assim que se consegue evitar discussões.

A ARTE DA GUERRA

A experiência militar diz:
"Você pode falar, mas não será ouvido.
Você deve usar gongos e tambores.
Você não pode realmente ver suas forças simplesmente olhando.
Você deve usar flâmulas e bandeiras!"

Você deve utilizar bem os gongos, tambores, flâmulas e bandeiras.
Coloque as pessoas onde todos possam ver e ouvir.
Você deve uni-las como uma só.
Então, o corajoso não poderá avançar sozinho.
O temeroso não poderá recuar sozinho.
Você deve forçá-los a agir como um grupo.

Em batalhas noturnas, use fogueiras e muitos tambores.
Em batalhas diurnas, deve usar muitas flâmulas e bandeiras.
Você deve posicionar sua gente de forma
a poder controlar o que vêem e ouvem.

Você controla seu exército controlando suas emoções.
Como um general, você deve ser capaz de controlar emoções.

Pela manhã, uma pessoa tem muita energia.
Durante o dia, ela desaparece.
À noite, os pensamentos de uma pessoa se voltam para o lar.
Você deve usar suas tropas com sabedoria.
Evite a animação do inimigo.
Ataque quando estiverem relaxados, pensando em ir para casa.
É assim que você lida com a energia.

A ARTE DE CRIAR ADOLESCENTES

A experiência dos pais nos ensina:
"Você pode falar, mas não será ouvido.
Você deve falar alto e repetir-se.
Você não pode saber o que seus filhos estão fazendo apenas olhando.
Você deve procurar por sinais e símbolos."

Você deve utilizar bem o volume, a repetição, os sinais e os símbolos.
Crie situações nas quais os adolescentes devam vê-lo e ouvi-lo.
Faça os membros da família passarem algum tempo juntos.
Então, o temerário não poderá experimentar sozinho.
Os tímidos não poderão se isolar.
Você deve forçar os irmãos a agirem como uma equipe.

Quando saem à noite, os adolescentes devem manter contato.
Durante o dia, você deve procurar por sinais de perigo.
Você deve colocar seus adolescentes em situações nas quais possa controlar o que estão fazendo.

*V*ocê controla seus adolescentes controlando suas emoções.
Como pai, você deve controlar as próprias emoções.

Pela manhã, os adolescentes devem estar cheios de energia.
Durante o dia, eles devem se cansar.
À noite, eles devem estar ansiosos para voltar para casa.
Você deve guiar seus adolescentes com sabedoria.
Evite conflitos quando sua energia estiver em alta.
Aborde os problemas quando eles estiverem relaxados e cansados.
É assim que você lida com a energia deles.

A ARTE DA GUERRA

Use disciplina para evitar o caos da batalha.
Mantenha-se relaxado para esperar uma crise.
É assim que se comanda a emoção.

Mantenha-se perto de casa para esperar um inimigo distante.
Permaneça confortável para esperar o inimigo esgotado.
Mantenha-se bem alimentado para esperar o inimigo faminto.
É assim que se administra o poder.

Não provoque o inimigo quando suas fileiras estiverem organizadas.
Você não deve atacá-lo quando suas formações forem sólidas.
É assim que se administra a adaptação.
Você deve seguir essas regras militares.
Não tome uma posição de frente para o território alto.
Não se oponha àqueles que têm suas costas voltadas para a parede.
Não siga os que fingem fugir.
Não ataque os homens mais fortes do inimigo.
Não morda a isca do inimigo.
Não bloqueie um exército que está indo para casa.
Deixe uma via de escape para um exército cercado.
Não pressione uma presa desesperada.
Essa é a arte da guerra.

A ARTE DE CRIAR ADOLESCENTES

Relaxe e espere explosões emocionais.
Mantenha a calma; crises são inevitáveis.
É assim que você comanda as próprias emoções.

Mantenha-se em casa e espere por um adolescente errante.
Permaneça relaxado e espere por um adolescente cansado.
Mantenha-se otimista e espere por um adolescente preocupado.
É assim que se administra o poder.

Não importune seus adolescentes quando eles estiverem indo bem.
Você não deve criticá-los quando se comportam bem.
É assim que se administra a adaptação.
Você deve seguir essas regras:
Não ofereça opiniões críticas nem ideais elevados.
Não critique sem oferecer alternativas.
Não assedie adolescentes que precisam de um tempo de solidão.
Não menospreze as melhores qualidades de seus adolescentes.
Não permita que seus adolescentes o irritem.
Não bloqueie adolescentes que querem ir para casa.
Deixe uma via de escape para seus adolescentes salvarem as aparências.
Não os pressione quando estiverem desolados.
Essa é a arte de educar filhos adolescentes.

ADAPTABILIDADE

Todos usam as artes da guerra.
Como um general, você recebe suas ordens do governo.
Você reúne suas tropas.
Em território perigoso, você não deve acampar.
Onde as estradas se interceptam, você deve se unir aos aliados.
Quando uma área está interrompida,
você não deve se demorar nela.
Quando está cercado, você deve planejar.
Em situação de vida ou morte, você deve lutar.
Existem estradas pelas quais você não deve seguir.
Existem exércitos que você não deve enfrentar.
Existem fortalezas que você não deve atacar.
Existem posições que você não deve defender.
Existem comandos do governo a que você não deve obedecer.

Líderes militares devem saber muito bem
como se adaptar para vencer.
Isso vai lhe ensinar o uso da guerra.

Aplicação de regras

Todo pai deve pensar estrategicamente.
Você constrói sua filosofia a partir da de seus pais.
Depois desenvolve gradualmente habilidades de pais.
Em tempos perigosos, você não deve se sentir confortável.
Onde seus interesses se interceptam, você deve se unir a outros pais.
Se uma situação isola seu adolescente, supere-a rapidamente.
Se todos discordam de você, seja criativo.
Quando é uma questão de vida ou morte, você deve lutar.
Existem estradas que levam a lugar nenhum.
Existem batalhas que você não deve travar.
Existem instituições que você não pode mudar.
Existem posições que você não pode defender.
Existem regras que não podem ser obedecidas.
Os pais devem saber muito bem se adaptar à situação a fim de obterem sucesso.
Flexibilidade é a chave para todas as estratégias.

Alguns comandantes não são bons em
realizar ajustes para encontrar uma vantagem.
Eles podem conhecer o relevo do terreno.
Mesmo assim, não conseguem encontrar uma posição vantajosa.

Alguns comandantes militares não sabem
como ajustar seus métodos.
Eles podem encontrar uma posição vantajosa.
Mesmo assim, não sabem fazer uso de seus
homens de maneira eficaz.

Você deve ser criativo em seu planejamento.
Deve adaptar-se a suas oportunidades e fraquezas.
Você pode usar uma variedade de abordagens
e ainda ter um resultado consistente.
Você deve ajustar-se a uma variedade de
problemas e solucioná-los de maneira consistente.

Você pode deter seu inimigo em potencial usando
suas fraquezas contra ele.
Pode manter ocupado o exército inimigo,
dando a ele trabalho para fazer.
Pode apressar o inimigo, oferecendo
a ele uma posição vantajosa.

A ARTE DE CRIAR ADOLESCENTES

Alguns pais não são capazes de mudar as regras para criar oportunidades para seus adolescentes.
Eles conseguem entender a situação de seus adolescentes.
Mesmo assim, não conseguem enxergar como tirar proveito dela.

Alguns pais não sabem mudar o relacionamento com seus adolescentes.
Eles podem identificar boas oportunidades para seus adolescentes.
Mesmo assim, não têm a habilidade para influenciá-los.

Você deve ser criativo ao educar seus filhos.
Deve adaptar-se às oportunidades e aos problemas de seus adolescentes.
Você pode usar diferentes abordagens sem parecer arbitrário.
Você pode enfrentar vários problemas e tratá-los com consistência.

Você pode prevenir situações perigosas elevando a insegurança de seus adolescentes.
Você pode manter seus adolescentes longe de encrencas mantendo-os ocupados.
Você pode influenciar adolescentes oferecendo a eles uma alternativa atraente.

A ARTE DA GUERRA

$\mathcal{V}$ocê precisa fazer uso da guerra.
Não acredite que o inimigo não virá.
Confie em sua prontidão para enfrentá-lo.
Não acredite que o inimigo não vai atacar.
Confie em sua habilidade para escolher um
lugar onde o inimigo não possa atacar.

$\mathcal{V}$ocê pode explorar cinco diferentes falhas em um líder.
Se ele está disposto a morrer, você pode matá-lo.
Se ele quer sobreviver, você pode capturá-lo.
Ele pode ser explosivo.
Então, você pode provocá-lo com insultos.
Se ele tem um senso de humor delicado, você pode desgraçá-lo.
Se ele ama seu povo, você pode criar problemas para ele.
Em todas as situaçoes, estude essas cinco fraquezas.
Elas são falhas comuns nos comandantes.
Elas sempre levam ao desastre militar.

Para fazer desmoronar um exército, você precisa matar seu general.
Para isso, deve usar essas cinco fraquezas.
Você deve sempre procurar por elas.

A ARTE DE CRIAR ADOLESCENTES

*V*ocê precisa pensar sempre em longo prazo
Não acredite que seus adolescentes não vão se meter em problemas.
Confie na sua prontidão para impedi-los.
Não acredite que o ambiente de seus adolescentes é seguro.
Confie em sua habilidade para mudar o ambiente e torná-lo seguro.

*V*ocê pode explorar cinco diferentes fraquezas nos adolescentes.
Se eles não valorizam sua liberdade, você pode tirá-la.
Se eles querem mais liberdade, você pode negociar com eles.
Alguns adolescentes reagem de maneira exagerada.
Então, você pode manipular suas emoções.
Quando os adolescentes são idealistas, você pode fazê-los sentir culpa.
Se os adolescentes amam os amigos, você pode controlar o acesso a eles.
Em todas as situações, estude essas cinco fraquezas.
Elas são ferramentas para se tirar proveito das decisões dos adolescentes.
Elas sempre tornam o adolescente fácil de controlar.

Para guiar adolescentes, você deve controlar suas decisões.
Você deve saber explorar suas fraquezas.
Você deve sempre estar consciente dessas fraquezas.

Marcha armada

Todos que movem seus exércitos devem se ajustar ao inimigo.

Mantenha-se fora das montanhas e nos vales.
Posicione-se nos pontos altos de frente para o sol.
Para vencer suas batalhas, nunca ataque montanha acima.
É assim que se posiciona um exército nas montanhas.

Quando bloqueado por água, mantenha-se longe dela.
Deixe o inimigo cruzar o rio e espere por ele.
Não o encontre no meio da correnteza.
Espere que ele tenha metade de suas forças do seu
lado e então tire vantagem da situação.

Você precisa ser capaz de lutar.
Não vai poder fazê-lo se estiver na água quando for atacado.
Posicione-se corrente acima, de frente para o sol.
Nunca se coloque contra a corrente.
Posicione seu exército corrente acima se estiver perto da água.

Mudanças que amedrontam

Todos os pais adaptam suas decisões para se ajustarem aos filhos.

Mantenha os adolescentes fora das grandes cidades; restrinja-os a pequenas áreas.
Nas cidades, restrinja-os a áreas que você conhece.
Para proteger seus filhos, mantenha-os longe de problemas.
É assim que se cria adolescentes nas grandes cidades.

Quando dirigir se torna um problema, distancie-se disso.
Seja paciente ao ensinar seus adolescentes a dirigir.
Não dê a eles um carro.
Espere que eles poupem metade do valor e então negocie com eles.

Você precisa controlar adolescentes.
Você não quer que os adolescentes tenham liberdade para se movimentarem como bem entenderem.
Posicione-se com clareza ao controlar o acesso ao carro.
Nunca ceda à pressão.
É assim que se cria adolescentes e se lida com questões de transporte.

A ARTE DA GUERRA

Você pode ter de atravessar pântanos.
Atravesse-os rapidamente, sem se deter.
Você pode encontrar o inimigo no meio de um pântano.
Você deve se manter perto da vegetação.
Mantenha as costas voltadas para as árvores.
É assim que você posiciona seu exército em um pântano.

Em um patamar plano, assuma uma posição que possa mudar.
Mantenha o nível mais elevado à sua direita e na retaguarda.
Mantenha o perigo na sua frente e a segurança atrás.
É assim que você se posiciona num patamar plano.

Você pode encontrar uma vantagem nas quatro situações.
Aprenda com o grande imperador que usou o posicionamento
para vencer seus quatro rivais.

Exércitos são mais fortes em solo elevado e fracos em áreas baixas.
Ficam mais bem acampados nas encostas ensolaradas do sul do que
nas do norte, mais sombrias.
Cuide da saúde de seu exército e o mantenha bem localizado.
Seu exército estará livre de doenças.
Feito corretamente, isso significa vitória.

Às vezes você precisa se defender em uma
colina ou na margem de um rio.
Você deve permanecer no lado sul e ao sol.
Mantenha a encosta ascendente em sua retaguarda à direita.

Isso dará a vantagem ao seu exército.
Isso sempre lhe dará uma posição de força.

A ARTE DE CRIAR ADOLESCENTES

Sua família pode atravessar tempos de incerteza doméstica.
Retorne o mais depressa possível à vida doméstica estável.
Adolescentes podem estar em perigo em tempos de incerteza.
Você deve manter o que é mais certo.
Mantenha suas responsabilidades de pai.
É assim que se cria adolescentes em tempos de incerteza.

Em um ambiente estável, prepare seus adolescentes para mudanças.
Construa uma fundação de valores religiosos e tradicionais.
Conheça os perigos e dê aos adolescentes valores nos quais se apoiarem.
É assim que se cria adolescentes em um ambiente estável.

Você pode tirar vantagem das quatro situações.
Aprenda com os pais que controlam seu ambiente para alcançarem o sucesso.

Famílias são fortes com valores e fracas sem eles.
Você vai estar melhor tornando claras suas crenças, em vez de fazer mistério sobre elas.
Cuide da saúde dos seus adolescentes com um ambiente saudável.
Sua família será imaculada.
Faça isso corretamente, e será um pai bem-sucedido.

Às vezes você precisa defender valores sobre uma questão difícil.
Você deve ser claro e honesto.
Confie em muitas gerações de tradições familiares

A fé criará oportunidades para seus adolescentes.
Isso sempre lhe dará uma posição de força.

A ARTE DA GUERRA

Detenha sua marcha quando a chuva acelerar a
correnteza do rio.
Você pode querer atravessar o rio.
Espere até que ele se acalme.

Todas as regiões possuem pontos finais como quedas-d'água.
Existem lagos profundos.
Existem precipícios altos.
Existem florestas sinistras.
Existem pântanos densos.
Existem fendas acidentadas.
Afaste-se rapidamente de todos eles.
Não se aproxime deles.
Mantenha-os longe.
Manobre o inimigo para perto deles.
Posicione-se de frente para esses perigos.
Empurre o inimigo contra eles.

O perigo pode se esconder nos flancos de seu exército.
Existem reservatórios e lagos.
Existem juncos e bosques.
Existem florestas de árvores.
Sua densa vegetação proporciona um esconderijo.
Você deve examiná-los cuidadosamente.
Eles podem ocultar uma emboscada.

A ARTE DE CRIAR ADOLESCENTES

Detenha os adolescentes quando estiverem cheios de paixão.
Você pode querer superar esse momento.
Espere até que eles se aquietem.

Todas as cidades têm áreas perigosas, como pontos noturnos.
Existem ruas de bares.
Existem cassinos.
Existem gangues reunidas.
Existem clubes de *strip-tease.*
Existem locais restritos aos adultos.
Afaste os adolescentes dessas áreas.
Não permita que se aproximem delas.
More longe delas.
Pressione o governo para policiar fortemente esses lugares.
Certifique-se de estar bem afastado desses perigos.
Impeça que eles se alastrem.

Os perigos podem se esconder em seu bairro.
Existem áreas precárias.
Existem edifícios abandonados.
Existem parques mal-iluminados.
Essas áreas proporcionam um solo fértil para o crime.
Você deve examiná-las.
Maus elementos agem em segredo.

A ARTE DA GUERRA

Às vezes, o inimigo está próximo, mas se mantém tranqüilo.
Espere encontrá-lo em uma fortaleza natural.
Outras vezes ele se mantém distante, mas provoca batalha.
Ele deseja que você o ataque.

Às vezes ele muda de posição no acampamento.
Ele busca uma posição vantajosa.

Às árvores na floresta se movem.
Acredite que o inimigo virá.
A relva alta obstrui sua visão.
Desconfie.

As aves alçam vôo.
Acredite que o inimigo se esconde.
Animais se sobressaltam.
Espere uma emboscada.

Note a poeira.
Às vezes ela se levanta numa linha reta.
Veículos se aproximam.
A poeira aparece baixa numa faixa larga.
Soldados se aproximam a pé.
A poeira parece estar espalhada em áreas distintas.
O inimigo está colhendo madeira para o fogo.
A poeira é leve e está baixando.
O inimigo está montando acampamento.

A ARTE DE CRIAR ADOLESCENTES

Às vezes, os adolescentes podem estar se metendo em problemas, mas agem normalmente.
Espere que seus segredos estejam bem protegidos.
Outras vezes eles parecem distantes e provocam discussões.
Eles estão pedindo ajuda.

Adolescentes podem mudar seus grupos de amizades.
Eles estão tentando encontrar seu lugar.

Os hábitos dos adolescentes mudam.
Acredite que problemas se aproximam.
Outros estão escondendo alguma coisa de você.
Desconfie.

Seus adolescentes se assustam facilmente.
Desconfie de que estão escondendo alguma coisa.
Eles parecem nervosos.
Espere uma surpresa desagradável.

Preste atenção aos pequenos sinais.
Às vezes são claros e apontam uma direção.
O problema se aproxima rapidamente.
Os sinais podem ser sutis, mas afetam diversas áreas.
Um problema se aproxima lentamente.
Os sinais podem apontar diversas direções.
Seus adolescentes estão experimentando.
Os sinais são poucos e vão diminuindo.
Os adolescentes estão se assentando.

A ARTE DA GUERRA

Seu inimigo fala humildemente enquanto reúne forças.
Ele planeja avançar.

O inimigo fala agressivamente e pressiona como que para avançar.
Ele planeja recuar.

Pequenos veículos deixam o acampamento inimigo e movem-se para posições nos flancos do exército.
Eles estão formando uma linha de batalha.

Seu inimigo tenta estabelecer a paz, mas sem fazer uma oferta.
Ele está tramando.

Os homens do inimigo correm para partir, mas formam fileiras.
Você deve esperar ação.

Metade do exército avança e a outra metade recua.
Ele o está atraindo.

Seu inimigo planeja lutar, mas seus homens se mantêm parados.
Eles estão famintos.

Os que têm água a bebem primeiro.
Eles estão sedentos.

Seu inimigo identifica uma vantagem, mas não avança.
Seus homens estão cansados.

Aves se reúnem.
Seu inimigo abandonou o acampamento.

A ARTE DE CRIAR ADOLESCENTES

Os adolescentes falam as coisas certas, mas não agem de acordo.
Eles estão planejando mais problemas.

Os adolescentes falam agressivamente, mas nunca se envolvem em problemas.
Eles estão evitando perigos.

Veículos rápidos levam os amigos que visitam seus adolescentes em casa.
Eles se consideram rebeldes.

Seus adolescentes prometem melhor comportamento, mas se recusam a ser mais específicos.
Eles estão tramando.

Os amigos de seus adolescentes parecem ir embora, mas se reagrupam.
Você deve esperá-los de volta.

Metade do tempo seus adolescentes se comportam bem, metade, mal.
Eles o estão testando.

Seus adolescentes querem testar seus limites, mas não fazem nada.
Eles não têm os recursos.

Quando ganham algum dinheiro, eles o gastam imediatamente.
Eles estão entediados.

Você oferece um incentivo aos seus adolescentes, mas eles não o aproveitam.
Eles estão exaustos.

A poeira se acumula.
Eles estão saindo de seus quartos sigilosamente.

A ARTE DA GUERRA

Os soldados inimigos agitam-se à noite.
Eles estão com medo.

O exército inimigo está ruidoso.
Eles não levam a sério seu comandante.

As flâmulas e bandeiras do inimigo mudam.
A ordem está desmoronando.

Os oficiais inimigos estão irritáveis.
Eles estão exaustos.

Os homens do inimigo matam seus cavalos para ter carne.
Eles estão sem provisões.

Eles nao esvaziam urinóis ou retornam às tendas.
Esperam lutar até a morte.

Tropas inimigas parecem sinceras e cordatas.
Mas seus homens demoram a falar uns com os outros.
Eles já não são unidos.

O inimigo oferece muitos incentivos aos seus homens.
Ele está com problemas.

O inimigo distribui muitas punições.
Seus homens estão fatigados.

O inimigo ataca primeiro e depois se amedronta com sua força.
Suas melhores tropas não chegaram.

A ARTE DE CRIAR ADOLESCENTES

Seus adolescentes começam a ter pesadelos.
Eles estão com medo.

Seus adolescentes estão incontroláveis.
Eles não levam a sério suas ameaças.

As crenças e lealdades de seus adolescentes mudam.
A fé está abalada.

Você se descobre irritável ao lidar com eles.
Você precisa de férias.

Seus adolescentes estão vendendo objetos.
Eles têm um vício.

Seus adolescentes não se lavam nem dormem à noite.
Estão com problemas sérios.

Seus adolescentes tratam-se com polidez.
Mas não conversam mais.
Eles têm um conflito.

Você oferece muitos incentivos a seus adolescentes.
Você está com problemas.

Você está distribuindo muitas punições.
Sente-se pressionado.

Seus adolescentes o criticam primeiro e depois se amedrontam com sua autoridade.
Eles estão impacientes para deixar a casa.

A ARTE DA GUERRA

Seu inimigo se aproxima de maneira conciliatória.
Ele precisa descansar e se recuperar.

O inimigo está zangado e parece aceitar bem a batalha.
Isso se estende por muito tempo, mas ele não ataca.
Mas também não deixa o campo.
Você deve observá-lo cuidadosamente.

Se você está fraco demais para lutar, deve reunir mais homens.
Nessa situação, não deve agir agressivamente.
Você deve unir suas forças, esperar o inimigo,
recrutar homens e esperar.

Você deve ser cauteloso sobre fazer planos e ajustar-se ao inimigo.
Deve aumentar o tamanho de suas forças.

Com soldados novos e desprovidos de dedicação, você pode
contar com eles se os disciplinar.
Eles terão a tendência de desobedecer a suas ordens.
Se não obedecem às ordens, eles são inúteis.

Você pode contar com soldados experientes e dedicados.
Mas deve evitar discipliná-los sem razão.
Caso contrário, não poderá utilizá-los.

Você deve controlar seus soldados com *esprit de corp*.
Deve uni-los conquistando vitórias.
Deve fazê-los acreditar em você.

A ARTE DE CRIAR ADOLESCENTES

Seus adolescentes o procuram pedindo perdão.
Eles precisam descansar e se recuperar.

Seus adolescentes estão zangados e parecem aceitar bem as discussões.
Isso se estende por muito tempo, mas eles não se incomodam.
Essa agitação prossegue sem trégua.
Você deve observá-los cuidadosamente.

Quando você se cansa de lidar com adolescentes, precisa de ajuda.
Nessa situação, não deve agir agressivamente.
Você deve unir forças com seu cônjuge, esperar os problemas, recrutar parentes e ser paciente.

Você deve ser cauteloso sobre fazer planos e **ajustar**-se a seus desejos.
Deve obter o apoio deles.

Você pode contar com adolescentes desregrados, desmotivados, se os disciplinar.
Eles tenderão a desobedecer a suas ordens.
Se não obedecerem às ordens, eles acabarão adotando hábitos perigosos.

É diferente com crianças devotas, envolvidas.
Você deve evitar discipliná-las sem boa razão.
Caso contrário, você as desencorajará.

Você deve controlar seus adolescentes com orgulho de família.
Deve unir-se a eles para celebrar seu sucesso.
Deve fazê-los acreditar em seus ideais.

A ARTE DA GUERRA

Torne mais fácil para seu pessoal obedecer a suas ordens, treinando-o.
Então, seu pessoal o obedecerá.
Se você não facilitar essa obediência, não vai treinar seu pessoal.
Então, ele não o obedecerá.

Torne seus comandos fáceis de seguir.
Você deve entender como um grande grupo pensa.

A ARTE DE CRIAR ADOLESCENTES

Torne mais fácil para seus adolescentes seguir as regras, treinando-os.
Então, eles o obedecerão.
Se você não facilitar a compreensão de suas expectativas, não vai treinar seus filhos.
Eles não o obedecerão.

Torne suas regras fáceis de seguir.
Você também deve entender como os adolescentes pensam.

Posição no campo

Algumas posições de campo são desobstruídas.
Algumas são enredadoras.
Algumas são sustentadoras.
Algumas são constritas.
Algumas oferecem uma barricada.
Algumas são disseminadas.

Você pode atacar facilmente de algumas posições.
Outros também podem atacá-lo facilmente.
Chamamos essas posições de desobstruídas.
Essas posições são abertas.
Nelas, seja o primeiro a ocupar uma área alta e ensolarada.
Coloque-se onde você possa defender suas rotas de suprimento.
Então você terá uma vantagem.

Construção de Caráter

Alguns adolescentes têm a mente aberta.
Alguns são dependentes.
Alguns são facilmente influenciáveis.
Alguns são nervosos.
Alguns são defensivos.
Alguns são hiperativos.

Alguns adolescentes adotam bons hábitos com facilidade.
Eles adotam maus hábitos com a mesma facilidade.
Esses adolescentes têm a mente aberta.
Suas mentes são suscetíveis.
Com essas crianças, mantenha abertas as linhas de comunicação.
Coloque-se em uma posição de onde possa defender seus valores.
Então essas crianças vão se sair bem.

A ARTE DA GUERRA

Você pode atacar facilmente de algumas posições.
Os desastres surgem quando você tenta retornar a elas.
Essas são posições enredadoras.
Essas posições de campo são unilaterais.
Espere até seu inimigo estar despreparado.
Você pode atacá-lo dessas posições e vencer.
Evite um inimigo bem preparado.
Você tentará atacar e perderá.
Como não pode retornar, você encontrará o desastre.
Essas posições de campo não oferecem vantagem.

Não posso abandonar algumas posições sem perder uma vantagem.
Se o inimigo abandonar seu território, também perderá vantagem.
Chamamos essas posições de sustentadoras.
Essas posições o fortalecem.
O inimigo pode tentar me tirar da posição.
Mesmo assim, eu me mantenho nela.
Você deve fazer o inimigo sair.
E o atacará quando ele estiver saindo.
Essas posições de campo oferecem uma vantagem.

Algumas posições de campo são constritas.
Tento chegar a elas antes que o inimigo o faça.
Você deve ocupar essas áreas e esperar pelo inimigo.
Às vezes, o inimigo as alcançará primeiro.
Se ele as ocupar, não o siga.
Mas, se deixar de ocupá-las, você pode ir atrás dele.

A ARTE DE CRIAR ADOLESCENTES

Alguns adolescentes se envolvem romanticamente com facilidade.
Eles têm problemas para sair de relacionamentos.
Eles são dependentes.
Ficam encurralados em relacionamentos unilaterais.
Faça-os esperar antes de assumirem compromissos sérios.
Eles podem, então, ser muito felizes.
Mantenha-os afastados de pessoas mais velhas.
Eles podem se envolver em maus relacionamentos.
Como são dependentes, encontram problemas sérios.
Esses adolescentes precisam de proteção.

Você pode dominar facilmente alguns adolescentes.
Outros também podem manipulá-los com a mesma facilidade.
Esses adolescentes são facilmente influenciados.
Eles precisam da sua força.
Más influências podem tentar seduzi-los.
Você deve mantê-los próximos.
Você pode afastá-los de más influências.
Eles podem aprender com os próprios erros.
Esses adolescentes podem ser bem-sucedidos.

Alguns adolescentes são nervosos.
Tente construir seus egos desde cedo na vida.
Você deve incentivá-los a contar com decepções.
Às vezes eles se frustram muito cedo.
Se entrarem em pânico, não os pressione.
Quando relaxarem, você poderá incentivá-los.

A ARTE DA GUERRA

Algumas posições de campo oferecem uma barricada.
Chego a essas posições antes que o inimigo o faça.
Você ocupa áreas ensolaradas e altas ao sul
do inimigo e espera por ele.
Às vezes o inimigo ocupa essas áreas primeiro.
Se for assim, você o atrai para longe delas.
Nunca o persiga.

Algumas posições de campo são muito espalhadas.
Sua força pode parecer igual à do inimigo.
Mesmo assim, você vai perder se provocar uma batalha.
Se lutar, não terá nenhuma vantagem.

São esses os cinco tipos de posições de campo.
Cada campo de batalha tem suas regras próprias.
Como comandante, você deve saber aonde ir.
Você deve examinar cada posição atentamente.

Alguns exércitos podem ser manobrados.
Alguns são muito negligentes.
Alguns desmoronam.
Alguns se desfazem.
Alguns são desorganizados.
Alguns devem recuar.

Conheça todas essas seis fraquezas.
Elas levam a perdas em territórios bons e ruins.
Todas provêm do comandante do exército.

A ARTE DE CRIAR ADOLESCENTES

Alguns adolescentes são defensivos.
Você deve conquistar seus corações e suas mentes antes que outros o façam.
Você deve esclarecer quais são os valores de sua família e preveni-los contra a tentação.
Às vezes, eles são vítimas de más influências.
Se for assim, você os atrai para longe delas.
Nunca ataque diretamente aqueles de que são próximos.

Alguns adolescentes são hiperativos.
Podem ser influenciados para o bem ou para o mal.
Mesmo assim, eles cairão diante da tentação.
Esses adolescentes são difíceis de controlar.

Um adolescente se enquadra em um desses seis tipos básicos de personalidade.
Cada tipo tem suas próprias características.
Como pai, você deve saber como lidar com elas.
Você deve avaliar seus adolescentes com objetividade.

Alguns pais podem ser manobrados.
Alguns pais são muito permissivos.
Alguns pais são exemplos pobres.
Alguns pais não conseguem concordar.
Alguns pais são inconsistentes.
Alguns pais se abatem.

Você deve reconhecer essas seis fraquezas.
Elas levam a problemas com crianças boas e más.
Todas provêm dos pais, não dos filhos.

A ARTE DA GUERRA

Um general pode comandar uma força igual à do inimigo.
Mesmo assim, esse inimigo o cerca.
Isso significa que seu exército pode ser manobrado.

Outro pode ter soldados fortes, mas oficiais fracos.
Isso significa que seu exército será fraco.

Outro tem oficiais fortes, mas soldados fracos.
Isso significa que seu exército vai desmoronar.

Outro tem subcomandantes que são zangados e desafiantes.
Eles atacam o inimigo e lutam batalhas próprias.
Como um comandante, ele não pode conhecer o campo de batalha.
Isso significa que seu exército vai se desmembrar.

Outro general é fraco e fácil de se lidar.
Ele fracassa em tornar suas ordens claras.
Seus oficiais e soldados não têm direção.
Isso aparece em suas formações militares.
Isso significa que seu exército será desorganizado.

Outro general fracassa ao prever o inimigo.
Ele coloca suas pequenas forças contra outras, maiores.
Ele coloca suas forças frágeis contra outras, fortes.
Ele não escolhe suas batalhas corretamente.
Isso significa que seu exército deve recuar.

Você deve saber tudo sobre essas seis fraquezas.
Deve entender as filosofias que levam à derrota.
Quando um general chega, você pode saber o que ele vai fazer.
Deve estudar cada um cuidadosamente.

A ARTE DE CRIAR ADOLESCENTES

Alguns pais entendem bem suas responsabilidades.
Mesmo assim, seus filhos os enganam.
Esses pais podem ser manobrados.

Alguns pais são boas pessoas, mas não sabem tomar decisões.
Esses pais são muito permissivos.

Alguns pais tomam boas decisões, mas têm maus hábitos.
Esses pais são exemplos pobres.

Alguns pais são furiosos e hostis um com o outro.
Eles envolvem os filhos em suas batalhas.
Seus adolescentes nunca sabem onde estão.
Esses pais não conseguem concordar.

Alguns pais são fracos e fáceis de se lidar.
Fracassam em estabelecer limites claros.
Seus adolescentes não têm direção.
Isso aparece em seu comportamento.
Esses pais são inconsistentes.

Alguns pais fracassam em preparar para os problemas.
Colocam poucos esforços na preocupação com os perigos.
São facilmente influenciados pelas exigências de seus adolescentes.
Não escolhem suas batalhas corretamente.
Esses pais se abatem.

Reconheça essas seis fraquezas em você e nos outros.
Você deve entender o pensamento que leva ao fracasso.
Quando lidar com outros pais, saiba o que eles vão fazer.
Você deve estudar essas fraquezas cuidadosamente.

A ARTE DA GUERRA

Você deve controlar sua posição de campo.
Isso sempre fortalecerá seu exército.

Você deve prever o inimigo para superá-lo e vencer.
Você deve analisar os obstáculos, perigos e distâncias.
Essa é a melhor maneira de comandar.

Compreenda sua posição de campo antes de ir para a batalha.
Então, você vencerá.
Você pode não entender sua posição de campo e ainda lutar.
Então, você perderá.

Você deve provocar a batalha quando a vitória for certa.
Não importa que ordens você recebeu.
O governo pode ordenar que não lute.
Apesar disso, você sempre deve lutar quando a vitória for certa.

Às vezes, provocar uma batalha leva a uma perda.
O governo pode ordenar que você lute.
Apesar disso, deve evitar a batalha quando for perder.

Você deve avançar sem elogios desejáveis.
Deve recuar sem vergonha temerosa.
O único movimento correto é preservar suas tropas.
É assim que você serve a seu país.
É assim que você recompensa sua nação.

A ARTE DE CRIAR ADOLESCENTES

Você deve construir o caráter de seus adolescentes.
Sua influência aumenta as chances de sucesso para eles.

Você deve se antecipar a seus filhos para protegê-los.
Você deve analisar suas dificuldades, problemas e necessidades.
Essa é a melhor maneira de ser pai.

Compreenda suas personalidades antes de tomar decisões.
Então, seus filhos evitarão problemas.
Você pode não entender suas personalidades, e ainda tomar decisões.
Mas seus filhos terão sérios problemas.

Você quer que seus adolescentes enfrentem desafios que superarão.
Não importa o que outros pensam ou dizem.
Alguns podem pensar que é errado desafiar crianças.
Apesar disso, adolescentes devem aprender como superar a adversidade.

Às vezes, adolescentes enfrentam desafios que os põe realmente em risco.
Outros podem pensar que não é errado pôr crianças em risco.
Mesmo assim, você deve proteger seus filhos de ameaças reais.

Você nunca deve deixar seu ego controlar suas decisões.
Você deve estar disposto a correr o risco da censura e do constrangimento.
O único movimento correto é permitir o desenvolvimento de suas crianças.
É assim que você serve a sua família.
É assim que você cria cidadãos produtivos.

A ARTE DA GUERRA

Pense em seus soldados como crianças pequenas.
Você pode fazer com que o sigam para dentro de um rio profundo.
Trate-os como suas queridas crianças.
Você pode conduzir todos à morte.

Alguns líderes são generosos, mas não conseguem comandar.
Eles amam seus homens, mas não são capazes de comandá-los.
Seus homens são desregrados e desorganizados.
Esses líderes criam crianças mimadas.
Seus soldados são imprestáveis.

Você pode saber o que seus soldados farão em um ataque.
Você pode não saber se o inimigo está vulnerável ao ataque.
Então, você só vencerá metade das vezes.
Você pode saber se o inimigo está vulnerável ao ataque.
Você pode não saber se seus homens são capazes de atacá-lo.
Ainda assim, só vencerá metade das vezes.
Você pode saber que o inimigo está vulnerável ao ataque.
Você pode saber que seus homens estão prontos para atacá-lo.
Você pode não saber como se posicionar no campo de batalha.
Ainda assim, só vencerá metade das vezes.

Você precisa saber como fazer a guerra.
Então poderá agir sem confusão.
Você pode tentar qualquer coisa.

A ARTE DE CRIAR ADOLESCENTES

*P*ense em seus adolescentes como crianças pequenas.
Eles copiarão naturalmente seu pior comportamento.
Demonstre seu amor por seu exemplo.
Você pode conduzir adolescentes à morte.

Alguns pais são cuidadosos, mas não conseguem orientar seus adolescentes.
Eles amam seus filhos, mas não são capazes de controlá-los.
Seus filhos são desregrados e sem foco.
Esses pais criam filhos mimados.
Suas boas intenções são inúteis.

*V*ocê pode saber como tomar boas decisões como pai.
Você pode não saber que desafios os adolescentes enfrentam.
Então, você só terá sucesso metade do tempo.
Você pode saber que desafios enfrentam os adolescentes.
Você pode não saber como tomar boas decisões como pai.
Então, só terá sucesso metade do tempo.
Você pode saber que desafios seus adolescentes enfrentam.
Você pode saber como tomar boas decisões como pai.
Você pode não entender como avaliar a personalidade de seus adolescentes.
Então, só terá sucesso metade do tempo.

Você precisa saber como orientar seus adolescentes.
Então poderá agir com certeza.
Você pode atingir qualquer objetivo.

A ARTE DA GUERRA

Dizemos:
Conheça o inimigo e conheça a si mesmo.
Sua vitória será menos dolorosa.
Conheça o clima e o campo.
Sua vitória será completa.

A ARTE DE CRIAR ADOLESCENTES

Dizemos:
Conheça seus filhos e conheça a si mesmo.
Então, ser pai será menos doloroso.
Conheça as tendências sociais e o ambiente de seus filhos.
Então, o sucesso deles estará assegurado.

TIPOS DE TERRENO

*U*se a arte da guerra.
Saiba quando o terreno vai dispersá-lo.
Saiba quando o terreno será fácil.
Saiba quando o terreno será disputado.
Saiba quando o terreno é aberto.
Saiba quando o terreno tem interseções.
Saiba quando o terreno é perigoso.
Saiba quando o terreno é ruim.
Saiba quando o terreno é confinado.
Saiba quando o terreno é mortal.

Combatentes em uma guerra às vezes têm de lutar dentro do próprio território.
Esse é um terreno que dispersa.

Quando penetrar em território hostil, sua penetração será rasa.
Esse é um terreno fácil.

Alguns terrenos oferecem uma posição de vantagem.
No entanto, dá aos outros essa mesma posição vantajosa.
Esse é um terreno disputado.

Estágios do crescimento

𝒰se o pensamento estratégico.
Saiba quando seu adolescente está em um estágio de distanciamento.
Saiba quando seu adolescente está em um estágio fácil.
Saiba quando seu adolescente está em um estágio contencioso.
Saiba quando seu adolescente está em um estágio aberto.
Saiba quando seu adolescente está em um estágio compartilhado.
Saiba quando seu adolescente está em um estágio sério.
Saiba quando seu adolescente está em um estágio difícil.
Saiba quando seu adolescente está em um estágio arriscado.
Saiba quando seu adolescente está em um estágio mortal.

Adolescentes se sentem embaraçados quando os amigos vêem outros membros de sua família.
Esse é um estágio de distanciamento.

Quando inexperientes, seus adolescentes dependem de você
Esse é um estágio fácil.

A família é importante para seus adolescentes.
Os membros de seu grupo são igualmente importantes para eles.
Esse é um estágio contencioso.

A ARTE DA GUERRA

Posso usar um terreno para avançar com facilidade.
Outros, no entanto, podem utilizá-lo para investir contra mim.
Esse é um terreno aberto.

Todos compartilham o acesso a uma determinada área.
O primeiro a chegar lá pode reunir um grupo maior
do que todos os outros.
Esse é um terreno de interseções.

Você pode penetrar profundamente em território inimigo.
Então, muitas cidades hostis estarão atrás de você.
Esse é um terreno perigoso.

Existem florestas nas montanhas.
Existem grandes colinas.
Existem pântanos.
Todos enfrentam tais obstáculos numa campanha.
Eles compõem um terreno ruim.

Em algumas áreas, a passagem é estreita.
Vocês ficam próximos ao entrar ou sair delas.
Nesse tipo de área, poucas pessoas podem atacar nossa maior força.
Esse é um terreno confinado.

Às vezes você só pode sobreviver se lutar depressa.
Você morrerá se demorar.
Esse é um terreno mortal.

A ARTE DE CRIAR ADOLESCENTES

Você pode se comunicar facilmente com seus adolescentes.
Outras mensagens, no entanto, também podem influenciá-los.
Esse é um estágio aberto.

Diferentes autoridades compartilham o acesso a seus adolescentes.
Você precisa de todos os adultos trabalhando juntos para forjar o caráter de seus adolescentes.
Esse é um estágio compartilhado.

Seus adolescentes se envolvem com amigos questionáveis.
Eles enfrentam tentações perigosas.
Esse é um estágio sério.

Adolescentes experimentam bebidas alcoólicas.
Experimentam drogas.
Experimentam sexo.
Todos os adolescentes enfrentam essas tentações durante o crescimento.
Esse é um estágio difícil.

Em alguns pontos da vida, adolescentes fazem uma transição.
Eles são suscetíveis enquanto passam por essa transição.
Nesse ponto, uma má influência pode arruinar anos de construção de caráter.
Esse é um estágio de risco.

Às vezes, adolescentes precisam que os pais assumam o controle imediatamente.
A demora pode ser fatal.
Esse é um estágio mortal.

A ARTE DA GUERRA

Para alcançar o sucesso, você controla o
terreno dispersador, deixando de lutar.
Controla o terreno fácil, sem se deter.
Controla o terreno disputado, sem atacar.
Controla o terreno aberto, permanecendo com as forças inimigas.
Controla o terreno com interseções,
estabelecendo laços com seus aliados.
Controla o terreno perigoso, saqueando.
Controla o terreno ruim, mantendo-se em movimento.
Controla o terreno confinado, usando o fator surpresa.
Controla o terreno mortal, lutando.

Dirija-se a áreas que possam ajudá-lo em uma guerra compensadora.
Você as utiliza para interromper o contato entre as
linhas de frente e a retaguarda do inimigo.
Evita que os grupos menores se apóiem nas maiores forças.
Impede as divisões mais fortes de resgatar as mais fracas.
Impede seus oficiais de reunir os homens.
Impede que os soldados se unam.
Você os assedia e impede que suas fileiras se formem.

Quando a batalha adjunta proporciona vantagem,
você deve adotá-la.
Quando não for para o seu benefício, deve evitá-la.

Um soldado mais ousado pode perguntar:
"Um grande e organizado exército aproxima-se com seu general.
O que devo fazer para me preparar para eles?"

Para alcançar o sucesso, controle estágios de distanciamento evitando brigas familiares.
Nos estágios fáceis, mantenha os adolescentes ocupados.
Nos estágios contenciosos, evite criticá-los.
Nos estágios abertos, aprenda sobre seus amigos, suas músicas e seus interesses.
Nos estágios compartilhados, faça acordos com autoridades aliadas.
Nos estágios sérios, submeta-os a melhores influências.
Nos estágios difíceis, não desista de seus adolescentes.
Nos estágios de risco, monitore seus adolescentes.
Nos estágios mortais, assuma o controle de suas vidas.

Crie uma vida doméstica que o ajude a desenvolver seus adolescentes.
Sua vida doméstica deve minimizar os problemas deles, tanto na família quanto com os amigos.
Evite que pequenas questões se tornem grandes conflitos.
Impeça o surgimento de sério afastamento por pequenos problemas.
Impeça os adolescentes de pensarem que precisam fugir.
Limite suas ligações fora da família.
Controle os adolescentes para mantê-los envolvidos na vida familiar.

Quando desafiar os adolescentes os faz se sentirem produtivos, você deve fazê-lo.
Quando isso só os pressionar, você deve evitá-lo.

Você pode se perguntar:
"Seus amigos e seus interesses são cada vez mais importantes. O que posso fazer?"

A ARTE DA GUERRA

Diga a ele:
"Primeiro ocupe uma área que o inimigo precisa conquistar.
Então, eles prestarão atenção em você.
Dominar a velocidade é a essência da guerra.
Tire proveito da incapacidade de um grande exército de segui-lo.
Use a filosofia de evitar situações difíceis.
Ataque a área onde ele não o espera."

Você deve usar a filosofia de um invasor.
Invadir profundamente e depois concentrar forças.
Isso controla seus homens sem oprimi-los.

Abasteça-se com os suprimentos dos ricos da região.
Será suficiente para guarnecer todo o seu exército.

Cuide de seus homens e não os sobrecarregue com taxas.
Seu espírito de equipe eleva o *momentum*.
Mantenha seu exército em movimento e planeje surpresas.
Torne mais difícil para o inimigo
contar suas forças.
Posicione seus homens onde não haja espaço para correr.
Então, eles enfrentarão a morte sem fugir.
Eles encontrarão um meio de sobreviver.
Seus oficiais e seus homens lutarão com o melhor de si.

Oficiais militares completamente comprometidos perdem o medo.
Quando não têm para onde correr, devem se manter firmes.
No fundo do território inimigo, eles são cativos.
Como não podem escapar, eles lutarão.

A ARTE DE CRIAR ADOLESCENTES

Há uma resposta.
Primeiro, controle o acesso de seus adolescentes a amigos e atividades.
Então, eles prestarão atenção em você.
Decisões rápidas são a essência de educar filhos adolescentes.
Mantenha-se um passo à frente de seus adolescentes.
Seu objetivo deve ser mantê-los longe de comportamento de risco.
Ataque problemas em potencial antes de eles se tornarem sérios.

Você não deve se furtar de controlar o tempo de seus adolescentes.
Direcione muito de seu tempo e foque suas energias.
Isso controla seus adolescentes sem oprimi-los.

Exponha seus adolescentes às reais responsabilidades da vida.
Responsabilidade é o bastante para dar foco a eles.

Cuide de seus adolescentes e não os sobrecarregue.
Seu senso de família deve ser utilizado para determinar a direção deles.
Mantenha seus adolescentes ocupados e suas vidas interessantes.
Não permita que más influências os contaminem.
Dê a eles responsabilidades que requeiram séria atenção.
Então, apesar do trabalho, eles não pensarão em fugir.
Eles encontrarão espaço para se desenvolverem.
Suas responsabilidades terão grande influência sobre eles.

Adolescentes que sabem serem necessários perdem suas inseguranças.
Como parte vital de uma família unida, eles desenvolvem caráter.
Quando sua família é diferente das outras, os adolescentes se mantêm próximos.
Como são necessários, eles resistem à tentação.

A ARTE DA GUERRA

Comprometa seus homens completamente.
Eles estarão em guarda sem que sejam convocados.
Farão o que é necessário sem que sejam solicitados.
Serão dedicados sem que sejam forçados a isso.
Serão confiáveis sem receber ordens.

Impeça-os de desconfiar, removendo todas as dúvidas.
Impeça-os de morrer, não dando a eles espaço para correr.

Seus oficiais podem não ser ricos.
Mesmo assim, desejarão o saque.
Eles podem morrer jovens.
Mesmo assim, ainda desejarão viver para sempre.

Você deve ordenar o momento do ataque.
Oficiais e homens podem se sentar e chorar até as golas molharem.
Quando se levantarem, lágrimas podem rolar por suas faces.
Ponha-os em uma posição de onde não possam correr.
Eles demonstrarão a maior coragem sob ataque.

Faça bom uso da guerra.
Isso exige reflexos instantâneos.
Você deve desenvolver tais reflexos.
Aja como uma simples serpente da montanha.
Alguém pode acertar sua cabeça.
Então, você poderá atacar com a cauda.
Alguém pode atacar sua cauda.
Então, você pode atacar com a cabeça.
Alguém pode atingi-lo no meio.
Então, você poderá atacar com a cauda e com a cabeça.

A ARTE DE CRIAR ADOLESCENTES

Dê a seus adolescentes importantes responsabilidades.
Sem ouvir discursos, eles evitarão perigos.
Sem serem solicitados, farão o que é necessário.
Sem serem pressionados, serão dedicados.
Sem serem vigiados, serão confiáveis.

Impeça qualquer dúvida, deixando claro seus valores.
Impeça-os de se expor ao perigo, ligando-os a suas responsabilidades.

Sua família pode não ser rica.
Mesmo assim, adolescentes vão querer dinheiro.
Adolescentes não temem morrer cedo.
Isso porque pensam que vão viver para sempre.

Você deve ser capaz de tomar decisões duras por seus adolescentes.
Eles vão reclamar e chorar como se seus corações estivessem partidos.
Eles podem seguir suas ordens com lágrimas nos olhos.
Devem saber que não podem escapar da responsabilidade.
Eles demonstrarão grande dedicação quando forem desafiados.

Faça bom uso do planejamento dos pais.
Criar filhos exige respostas rápidas.
Você deve conhecer suas respostas antecipadamente.
Você pode ser escorregadio e evasivo.
Os adolescentes dirão que você não entende.
Responda com sua experiência de vida.
Adolescentes podem atacar sua experiência de vida.
Diga que você sentia o mesmo quando era adolescente
Adolescentes dirão que você não se importa com sua felicidade.
Responda imediatamente com compreensão e carinho.

Um soldado mais ousado pode perguntar:
"Algum exército pode imitar esses reflexos instantâneos?"
Nós respondemos:
"Pode."

Para comandar e obter o melhor de pessoas orgulhosas, você deve
estudar a adversidade.
As pessoas trabalham juntas quando estão no mesmo barco durante
uma tempestade.
Nessa situação, um resgata o outro como
a mão direita ajuda a esquerda.

Use corretamente a adversidade.
Prenda seus cavalos e enterre as rodas de suas carroças.
Mesmo assim, você não pode depender só disso.
Uma força organizada é mais corajosa do que indivíduos isolados.
Essa é a arte da organização.
Ponha juntos o forte e o fraco.
Você também deve usar o terreno.

Faça bom uso da guerra.
Una seus homens como um só.
Nunca os deixe desistir.

O comandante deve ser um militar profissional.
Isso exige confiança e distanciamento.
Você deve manter a dignidade e a ordem.
Deve controlar o que seus homens vêem e escutam.
Eles devem segui-lo sem conhecer
seus planos.

A ARTE DE CRIAR ADOLESCENTES

Você pode perguntar:
"Os pais podem realmente planejar suas respostas?"
Só há uma resposta:
Você deve!

Para obter obediência e respeito de adolescentes arrogantes, você deve estudar a adversidade.
Os adolescentes trabalham pela família quando sentem que são muito necessários.
Em situações difíceis, os adolescentes o ajudam tão naturalmente quanto uma das mãos ajuda a outra.

Use corretamente a adversidade da família.
Mantenha seus adolescentes em casa e limite seu acesso ao transporte.
Mesmo assim, não é o suficiente.
Deixe clara a importância de seus papéis no apoio à família.
Essa é a arte da organização.
Tire proveito de forças e fraquezas.
Você também deve entender suas personalidades.

Faça bom uso da estratégia.
Una seus adolescentes à família.
Nunca os deixe desistir.

Você deve ser um pai habilidoso.
Isso exige confiança e distanciamento.
Você deve manter sua dignidade e autoridade.
Deve controlar o que seus adolescentes vêem e ouvem.
Eles devem obedecer a você sem conhecer suas esperanças e seus receios.

A ARTE DA GUERRA

Você pode reinventar os papéis de seus homens.
Pode mudar seus planos.
Pode usar seus homens sem que eles saibam disso.

Você deve mudar seus acampamentos.
Deve usar desvios das rotas comuns.
Você deve usar seus homens sem entregar a eles sua estratégia.

Um comandante proporciona tudo que seu exército precisa no momento.
Você deve estar disposto a subir muito alto
e chutar para longe a escada.
Deve ser capaz de conduzir seus homens para o fundo
do território inimigo e depois encontrar uma maneira
de criar a oportunidade de que necessita.

Você deve comandar homens como um rebanho de carneiros.

Deve levá-los à marcha.
Deve levá-los ao ataque.
Nunca deve permitir que saibam para onde se dirige.
Deve uni-los em um grande exército.
Então, deve conduzi-los contra toda a oposição.
Esse é o papel de um verdadeiro comandante.

Você deve adaptar-se a diferentes terrenos.
Deve adaptar-se para encontrar uma vantagem.
Deve manejar os afetos de seu povo.
Você deve estudar todas essas habilidades.

A ARTE DE CRIAR ADOLESCENTES

Você pode redistribuir as responsabilidades de seus adolescentes.
Você pode mudar sua estratégia.
Você influencia seus adolescentes além do que eles compreendem.

Você pode mudar seu endereço.
Você deve romper com rotinas de família.
Você pode obter obediência sem explicar tudo.

Pais dizem a seus adolescentes o que eles precisam saber no momento.
Você deve estar disposto a desafiá-los e fazê-los alcançar o sucesso sozinhos.
Você deve se envolver profundamente com as vidas de seus adolescentes para identificar os problemas que criarão as oportunidades de que necessita para alcançar o sucesso.

Você deve manter seus adolescentes na direção certa.

Você deve acordá-los de manhã.
Você deve ter certeza de que suas tarefas sejam cumpridas.
Você nunca deve permitir que saibam seus planos de longo prazo para eles.
Você deve fazê-los entender sua importância e seu valor.
Você deve incentivá-los para que não desanimem.
Esse é o papel de um pai dedicado.

Você deve adaptar-se aos diferentes estágios de suas vidas.
Deve ajustar sua abordagem para ajudá-los a amadurecer.
Deve manejar os afetos de seus adolescentes.
Deve aprender todas essas habilidades.

A ARTE DA GUERRA

Utilize sempre a filosofia da invasão.
Invasões profundas concentram suas forças.
Invasões superficiais dispersam suas forças.
Quando deixa seu país e atravessa a fronteira,
você deve assumir o controle.
Esse é sempre território crítico.
Às vezes você pode se mover em qualquer direção.
Esse é sempre um território de interseção.
Você pode penetrar profundamente em um território.
Esse é sempre um terreno perigoso.
Você só penetra até um certo ponto.
Esse é sempre um território fácil.
O recuo é impedido e o terreno à frente é estreito.
Esse é sempre um território confinado.
Às vezes há um lugar para onde correr.
Esse é sempre um território mortal.

Para usar corretamente um território dispersador, devemos nos
inspirar na devoção dos nossos homens.
Em território fácil, devemos manter comunicação constante.
Em território disputado, devemos tentar impedir
o progresso do inimigo.
Em terreno aberto, devemos defender cuidadosamente
a posição que escolhemos.
Em terreno de interseção, devemos solidificar
nossas alianças.
Em terreno perigoso, devemos garantir nossos suprimentos de comida.
Em terreno ruim, devemos nos manter em avanço ao longo da estrada.
Em terreno confinado, devemos formar uma barricada,
construindo uma fortaleza em território elevado.
Em terreno mortal, devemos mostrar o que podemos fazer,
matando o inimigo.

A ARTE DE CRIAR ADOLESCENTES

Mantenha sempre seus adolescentes envolvidos.
Compromissos fortes direcionam seus esforços.
Compromissos fracos dissipam seus esforços.
Quando eles assumem um compromisso, você deve se certificar de que o honrarão.
Esse é um momento crítico.
Seus adolescentes podem assumir compromissos fora de casa.
Esse é sempre um estágio compartilhado.
Eles podem se comprometer profundamente com interesses externos.
Esse é sempre um estágio sério.
Seus compromissos são com o lar.
Esse é sempre um estágio fácil.
Suas opções em um certo ponto da vida são poucas.
Esse é um estágio de risco.
Às vezes eles não têm um lugar para onde ir.
Esse é um estágio mortal.

Para ter sucesso em um estágio de distanciamento, você deve inspirar o respeito de seus adolescentes.
Em um estágio fácil, você deve manter comunicação constante.
Em um estágio contencioso, deve limitar a influência de seus amigos.
Em um estágio aberto, deve defender os valores e a cultura de sua família.
Em um estágio compartilhado, deve trabalhar com outros adultos.
Em um estágio sério, deve controlar a liberdade dos adolescentes.
Em um estágio difícil, deve fazer os adolescentes superarem-no.
Em um estágio de risco, deve encontrar um desafio que os inspire a novos vôos.
Em um estágio mortal, deve defender seus adolescentes lutando por eles.

A ARTE DA GUERRA

Faça seus homens se sentirem como um exército.
Cerque-os e eles se defenderão.
Se não puderem evitar, eles lutarão.
Se estiverem sob pressão, eles obedecerão.

Faça o que é certo quando não souber quais são
os planos de seus diferentes inimigos.
Não tente enfrentá-los.

Você não conhece as montanhas, as florestas,
as colinas e os pântanos do local?
Então, não pode avançar o exército.
Não tem guias locais?
Não vai aproveitar os benefícios do terreno.

Existem muitos fatores na guerra.
Você pode não ter conhecimento de nenhum deles.
Nesse caso, é errado levar uma nação à guerra.

Você deve ser capaz de dominar uma nação em guerra.
Divida uma grande nação antes que eles possam
reunir uma grande força.
Aumente os medos do seu inimigo.
Impeça que suas forças se unam e organizem.

Faça o que é certo e não tente competir por alianças externas.
Você não terá de lutar por autoridade.
Confie apenas em você mesmo e em seus recursos.
Isso aumenta as incertezas do inimigo.
Você pode forçar um dos aliados adversários a se retirar.
Toda sua nação cairá.

A ARTE DE CRIAR ADOLESCENTES

Faça seus adolescentes se sentirem parte de algo importante.
Faça-os se sentirem únicos, e eles se defenderão.
Quando não tiverem escolha, eles trabalharão duro.
Quando estiverem sob pressão, eles obedecerão.

*F*aça o que é certo quando não entender os desafios que os adolescentes enfrentam
Não duvide deles.

Você não conhece os medos, interesses, forças e fraquezas de seus adolescentes?
Então, não pode inspirá-los.
Não conhece seus amigos?
Não pode saber o que os adolescentes estão fazendo.

Existem muitas dimensões em seus adolescentes.
Você pode não ter conhecimento de vários aspectos de suas vidas.
Nesse caso, não está cumprindo seu papel de pai.

Você deve exigir respeito de seus adolescentes.
Mantenha-os inseguros para que não possam se unir a outros para combatê-lo.
Aumente o medo da punição.
Impeça-os de se unirem a organizações e grupos estranhos.

Faça o que é certo e não abra mão de sua responsabilidade de pai.
Então, não terá de lutar por autoridade.
Confie apenas em sua família e em seus próprios recursos.
Isso reduz influências alheias.
Supostos aliados na educação de seus filhos podem voltá-lo contra você.
Toda sua família poderá desmoronar.

A ARTE DA GUERRA

Distribua o produto do saque sem se preocupar com acordos.
Detenha-se sem um comando do governo.
Ataque com toda a força do seu exército.
Use seu exército como se fosse um só homem.

Ataque com habilidade.
Não discuta o ataque.
Ataque quando tiver uma vantagem.
Não fale sobre os perigos.
Quando pode lançar seu exército em território mortal, mesmo que ele hesite, ainda há chance de sobrevivência.
Você pode estar enfraquecido em uma batalha mortal e ainda estar fortalecido mais tarde.

Mesmo uma grande força pode se deparar com o infortúnio.
Se ficar para trás, no entanto, você ainda poderá transformar a derrota em vitória.
Você deve usar as habilidades da guerra.
Para sobreviver, deve se adaptar aos propósitos do inimigo.
Deve seguir com ele aonde quer que vá.
Podem ser necessários mais de 1.000km para matar o general.
Se entendê-lo corretamente, encontrará a habilidade necessária.

Lide corretamente com seu governo no início da guerra.
Feche suas fronteiras e rasgue passaportes.
Bloqueie a passagem de comboios.
Encoraje os políticos e os quartéis-generais a se manterem fora disso.
Você deve usar todos os meios para pôr um ponto final nos políticos.
O povo do inimigo deixará uma abertura.
Você deve invadir imediatamente por ela.

A ARTE DE CRIAR ADOLESCENTES

Distribua o dinheiro sem se preocupar com o que é "justo".
Retenha o dinheiro sem se defender.
Educar filhos exige toda sua força e habilidade.
Você e seu cônjuge devem trabalhar juntos.

Faça valer suas decisões.
Não entre em discussões.
Assuma uma posição firme quando for necessário.
Não se limite a falar sobre comportamento de risco.
Quando seus adolescentes se envolvem em problemas, mesmo que tenham errado, ainda podem se redimir.
Eles podem ser seriamente enfraquecidos pelo mau comportamento, mas se fortalecerem depois.

Mesmo os bons adolescentes podem ter problemas.
Se os adolescentes ficam para trás, ainda podem transformar seus problemas em futuro sucesso.
Você deve usar seu julgamento de pai.
Para chegar ao sucesso, deve se adaptar à natureza do problema.
Você deve conversar com seus adolescentes, não importa o que aconteça.
Podem ser necessários tempo e esforço para superar problemas.
Se entender seus filhos, encontrará a habilidade para ajudá-los a chegar ao sucesso.

Lide corretamente com o início de uma crise.
Detenha seus adolescentes e remova seus privilégios.
Bloqueie sua comunicação.
Faça com que outras pessoas se mantenham fora da situação.
Você deve usar todos os meios para pôr fim a um debate.
Seus adolescentes se abrirão com você.
Você deve tirar proveito imediato dessa abertura.

A ARTE DA GUERRA

Ocupe imediatamente um lugar que eles amem.
Faça isso rapidamente.
Ignore qualquer fronteira ao perseguir o inimigo.
Use seu julgamento sobre quando lutar.

Fazer o que é certo no início da guerra
é como abordar uma mulher.
Os homens de seu inimigo devem abrir a porta.
Depois disso, você deve agir com a rapidez de um coelho.
O inimigo não será capaz de detê-lo.

A ARTE DE CRIAR ADOLESCENTES

Controle imediatamente as coisas com que eles se importam.
Não perca tempo.
Percorra qualquer distância para abordar problemas.
Use seu julgamento ao escolher suas batalhas.

Fazer o que é certo no início de uma crise é como seduzir uma mulher.
Seus adolescentes devem lhe dar uma abertura.
Quando isso acontecer, você deve agir rapidamente.
Qualquer problema pode ser abordado.

Ataque com fogo

Existem cinco maneiras de atacar com fogo.
A primeira é queimando tropas.
A segunda é queimando suprimentos.
A terceira é queimando transporte de suprimentos.
A quarta é queimando depósitos.
A quinta é queimando acampamentos.

Para fazer fogo, você deve ter recursos.
Para construir um fogo, você deve preparar o material necessário.

Para atacar com fogo, você deve estar na estação adequada.
Para começar um fogo, você deve dispor de tempo.

Escolha a estação certa.
O clima deve estar muito seco.

Escolha o momento certo.
Espere a grama ter a altura de uma carroça.

Você pode determinar os dias pelas estrelas no céu noturno.
Você vai preferir os dias quando o vento soprar pela manhã.

Restringindo os adolescentes

Existem cinco alvos para se disciplinar adolescentes.
O primeiro é seu grupo de amigos.
O segundo são suas posses.
O terceiro é seu transporte.
O quarto é sua mesada.
O quinto é sua privacidade.

Para punir adolescentes, você deve ter os instrumentos certos.
Para criar uma restrição, saiba do que eles gostam.

Para fazer funcionar as restrições, você deve colocá-las na hora certa.
Para torná-las efetivas, você deve dar tempo a elas.

Puna apenas quando for apropriado.
O comportamento de seus adolescentes deve tornar a punição necessária.

Escolha o momento certo.
Os adolescentes devem se incomodar com o que estão perdendo.

Para saber qual é o momento certo, descubra o que é importante para seus adolescentes.
Escolha o momento quando eles sentirem crescer a necessidade.

A ARTE DA GUERRA

Todos atacam com fogo.
Crie cinco diferentes situações com fogo e ajuste-se a elas.

Você começa um incêndio dentro do acampamento inimigo.
Depois ataca a periferia do inimigo.

Você ataca com fogo, mas o inimigo permanece calmo.
Espere e não ataque.

O fogo atinge sua altura.
Siga seu caminho, se puder.
Se não puder, fique onde está.

Incêndios na periferia do acampamento podem matar.
Você nem sempre pode atear fogo no acampamento inimigo.
Use o tempo para espalhá-lo.

Crie o fogo quando o vento estiver atrás de você.
Não ataque contra o vento.
Ventos diurnos duram por muito tempo.
Ventos noturnos desaparecem
rapidamente.

Todo exército deve saber como lidar com os cinco ataques por
fogo.
Use muitos homens para se proteger contra eles.

A ARTE DE CRIAR ADOLESCENTES

Todos os pais tentam usar punição.
Você deve criar cinco diferentes situações e responder corretamente a elas.

Você pode punir seus adolescentes séria e imediatamente.
Deixe-os provar que merecem antes de remover qualquer restrição.
Os adolescentes podem fingir indiferença a sua punição.
Espere sem torná-la mais severa.

A punição vai surtir efeito.
Remova as restrições se obtiver cooperação.
Se não tem cooperação, mantenha as restrições severas.

Às vezes, as restrições fora de casa podem funcionar.
Use-as quando forem as únicas possíveis.
Use seu tempo para estabelecer essas restrições.

Reforce as restrições de forma a focar os adolescentes.
Evite restrições que retornem para você.
Punições públicas são lembradas por muito tempo.
Punições privadas são esquecidas rapidamente.

Todo pai deve entender como usar esses cinco aspectos da punição.
Use suas habilidades para proteger seus adolescentes.

A ARTE DA GUERRA

Quando você usa o fogo para auxiliar seus ataques,
está sendo astuto.
A água pode dar força a um ataque.
Você também pode usar a água para perturbar um inimigo.
No entanto, ela não o priva de seus recursos.

Você ganha na batalha obtendo a oportunidade para atacar.
É perigoso não conseguir planejar tal feito.
Como comandante, você não pode desperdiçar suas oportunidades.

Dizemos:
Um líder astuto planeja sucesso.
Um bom general o estuda.
Se há pouco a ser ganho, não aja.
Se há pouco a ganhar, não use seus homens.
Se não há perigo, não lute.

Como líder, você deixou sua raiva
interferir no sucesso de seu exército.
Como comandante, você não pode lutar simplesmente
por estar enfurecido.
Participe da batalha apenas quando for vantajoso para você agir.
Se não há nenhuma vantagem em batalhar, fique onde está.

A raiva pode se tornar felicidade.
A raiva pode se tornar alegria.
Uma nação destruída pode ser levada de volta à vida.
Homens mortos não voltam à vida.

A ARTE DE CRIAR ADOLESCENTES

Quando você emprega restrições para apoiar a educação, é esperto.
Mudar as regras pode influenciar seus adolescentes.
Regras podem impedir mau comportamento.
No entanto, só a punição remove a aptidão para se comportar mal.

Você protege seus adolescentes usando oportunidades para ensinar a eles.
É perigoso não ensinar aos adolescentes as conseqüências de seus atos.
Como pai, você não pode perder essas oportunidades.

Dizemos:
Um pai esperto espera bom comportamento.
Um bom pai o reconhece.
Se não há nada há ganhar, não use punição.
Se não há nada a ensinar, não desperdice seus esforços.
Se não há perigo, não crie hostilidade.

Você jamais deve deixar suas emoções interferirem em suas decisões sobre punições.
Não deve punir adolescentes apenas porque eles o deixam zangado.
Se não há nada a ensinar, evite restrições.
Se não há vantagem em punir, evite a punição.

A raiva pode se tornar felicidade.
O ódio pode se transformar em alegria.
A confiança destruída não pode ser recuperada.
Palavras ditas não podem ser retiradas.

A ARTE DA GUERRA

Esse fato deve tornar cauteloso um líder astuto.
Um bom general fica alerta.

Sua filosofia deve ser manter a nação pacífica e o exército intacto.

A ARTE DE CRIAR ADOLESCENTES

Sabendo isso, você deve ser cuidadoso.
Um bom pai está sempre no controle.

O objetivo deve ser manter a calma e ter seus adolescentes sob controle.

Uso de espiões

No geral, formar um exército requer milhares de homens.
Eles invadem e marcham por milhares de quilômetros.
Famílias inteiras são destruídas.
Outras famílias devem suportar pesados impostos.
Todos os dias, muito dinheiro tem de ser gasto.

Eventos internos e externos forçam as pessoas a se mudarem.
Elas não podem trabalhar enquanto estão na estrada.
Não conseguem encontrar e manter um bom emprego.
Isso afeta 70 por cento de milhares de famílias.

Você pode estar em guarda e vigilante por anos.
Então, uma única batalha pode determinar a vitória em um dia.
Apesar disso, há burocratas que se agarram
ferrenhamente aos seus salários.
Ignoram as condições do inimigo.
O resultado é cruel.

Eles não são líderes de homens.
Eles não são servidores do Estado.
Eles não são mestres da vitória.

Espionando os adolescentes

Educar adolescentes requer milhares de decisões.
Você trabalha e faz milhares de sacrifícios.
Famílias freqüentemente se rompem.
Muitas sofrem pressões financeiras.
Criar adolescentes é especialmente caro.

Eventos internos e externos obrigam famílias a mudarem.
Pessoas podem ficar sem emprego quando se mudam.
Adolescentes são freqüentemente incapazes de encontrar e manter um emprego útil.
Setenta por cento das famílias têm problemas financeiros.

Você pode ficar alerta por anos.
Uma única tragédia pode desfazer todo seu trabalho em um dia.
Apesar disso, muitas pessoas acham que ganhar dinheiro é tudo que importa na vida.
Eles ignoram o que seus adolescentes estão fazendo.
O resultado é devastador.

Eles não são bons pais.
Eles não apóiam realmente suas famílias.
Eles não são mestres da própria felicidade.

A ARTE DA GUERRA

Você precisa de um líder criativo e de um comandante de valor.
Você deve mover suas tropas para os lugares certos a fim de vencer.
Deve realizar seu ataque e escapar ileso.
Isso requer conhecimento prévio.
Você pode obter conhecimento prévio.
Não pode consegui-lo por meio de demônios ou espíritos.
Não pode conquistá-lo com experiência profissional.
Não pode conquistá-lo com análise.
Você só pode obtê-lo por meio de outras pessoas.
Você deve sempre conhecer a situação do inimigo.

Você deve usar cinco tipos de espiões.
Você precisa de espiões locais.
Precisa de espiões internos.
Precisa de agentes duplos.
Precisa de espiões sentenciados.
Precisa de espiões sobreviventes.

Você precisa de todos os cinco tipos de espiões.
Ninguém deve descobrir seus métodos.
Então, vai poder formar uma imagem real.
Esse é o mais valioso recurso do comandante.

Você precisa de espiões locais.
Consiga-os contratando pessoas daquele país.

Você precisa de espiões internos.
Consiga-os subvertendo espiões do governo.

Você precisa de agentes duplos.
Descubra agentes do inimigo e converta-os.

A ARTE DE CRIAR ADOLESCENTES

Você deve ser um pai criativo e um modelo valioso.
Deve pôr seus adolescentes em uma posição de onde alcancem o sucesso.
Você deve guiar os adolescentes e manter sua credibilidade.
Isso exige boa informação.
Você pode ter boa informação.
Não vai obtê-la por magia.
Não vai obtê-la de seu passado.
Não pode obter essa informação por meio de argumentos lógicos.
Você só pode consegui-la formulando perguntas.
Você deve saber o que seus adolescentes estão fazendo.

Você precisa ter essas cinco fontes de informação.
Precisa dos professores de seus adolescentes.
Precisa dos irmãos deles.
Precisa dos amigos deles.
Precisa de intermediários.
Precisa de testemunhas.

Você precisa usar todos os cinco tipos de fontes de informação.
Os adolescentes não devem saber quem são suas fontes.
Você pode formar uma imagem real da vida de seu adolescente.
A informação é seu recurso mais valioso.

Você precisa de informação sobre seu rendimento escolar.
Adquira-a conhecendo os professores de seus adolescentes.

Você precisa de informação da família.
Obtenha essa informação fazendo acordos com os irmãos deles.

Você precisa de informação sobre os amigos de seus adolescentes.
Disponha desse dado conquistando seus amigos.

A ARTE DA GUERRA

Você precisa de espiões sentenciados.
Manipule profissionais para que sejam capturados.
Deixamos que eles conheçam nossas ordens.
Então, eles levarão essas ordens ao inimigo.

Você precisa de espiões sobreviventes.
Alguém deve retornar com um relatório.

*S*eu trabalho é construir um exército completo.
Nenhuma relação é tão íntima quanto a mantida com os espiões.
Nenhuma recompensa é generosa demais para os espiões.
Nenhum trabalho é tão secreto quanto o dos espiões.

Se você não for astuto e sábio, não poderá fazer uso de espiões.
Se não for justo e correto, não poderá usar espiões.
Se não puder ver as pequenas sutilezas, não obterá
a verdade dos espiões.

Preste atenção aos pequenos detalhes!
Espiões são úteis em qualquer área.

Os espiões são os primeiros a ouvir informações,
por isso não devem divulgá-las.
Espiões que revelam sua localização ou falam para outras pessoas
devem ser mortos com aqueles para quem falaram.

A ARTE DE CRIAR ADOLESCENTES

Você deve usar intermediários.
Use indivíduos que tenham contato com seus adolescentes.
Diga a eles o que quer que seus adolescentes ouçam.
Eles transmitirão aos seus adolescentes.

Você precisa de testemunhas.
Deve buscar observadores imparciais quando os problemas ocorrem.

Seu trabalho é proteger seu filho em desenvolvimento.
Nada é tão importante quanto suas fontes de informação.
Nenhuma recompensa é excessiva pela boa informação.
Nenhuma atividade é tão delicada quanto espionar adolescentes.

Você deve ser brilhante e perceptivo para desenvolver fontes.
Deve ser aberto e justo para trabalhar com elas.
Se não for sensível às sutilezas, não ouvirá a verdade no que outros lhe dizem.

Você deve prestar muita atenção aos pequenos detalhes.
A informação é útil em todas as áreas.

Suas fontes devem manter a informação sobre suas perguntas em segredo.
Você pode pressionar suas fontes para que não contem a seus adolescentes que estão sendo investigados.

A ARTE DA GUERRA

Você pode querer atacar a posição de um exército.
Pode querer atacar uma certa fortificação.
Pode desejar matar pessoas em um determinado lugar.
Antes, você deve conhecer a guarda como um todo.
Deve conhecer seus flancos direito e esquerdo.
Deve conhecer sua hierarquia.
Deve conhecer o caminho para dentro dela.
Deve saber onde estão posicionadas diferentes pessoas.
Devemos exigir essas informações de nossos espiões.

Quero conhecer os espiões inimigos a fim de
converter novos espiões em homens aliados.
Você encontra uma fonte de informação e a suborna para obtê-las.
Deve trazê-las para você.
Deve conquistar agentes duplos e usá-los como emissários.

Faça isso corretamente e com cuidado.
Procure espiões locais e internos e obtenha apoio.
Faça isso corretamente e com cuidado.
Enganando profissionais você cria espiões sentenciados.
Você pode usá-los para transmitir falsas informações.
Faça isso corretamente e com cuidado.
Você deve ter espiões sobreviventes capazes de
retornar no momento certo com a informação.

A ARTE DE CRIAR ADOLESCENTES

Você pode querer mudar a maneira como seu filho aborda o trabalho.
Você pode se sentir desanimado por certos maus hábitos.
Você pode desejar romper certos relacionamentos.
Antes, você deve conhecer o pensamento de seus adolescentes.
Deve conhecer suas fraquezas e forças.
Deve conhecer suas prioridades.
Deve saber como abordá-las.
Deve saber quem eles estão ouvindo.
Obtenha essa informação de suas fontes.

Você quer conhecer os amigos de seus adolescentes a fim de conquistar sua simpatia.
Deve se dispor a passar algum tempo se aproximando deles.
Deve fazê-los se abrirem com você.
Deve conquistá-los e fazê-los agir como seus emissários.

Faça isso com cuidado.
Você pode conversar com professores e irmãos e recrutar seu apoio.
Faça isso em segredo, também.
Você pode usar intermediários plantando informações com outras pessoas.
Pode passar mensagens importantes.
Faça isso sutilmente.
Você precisa de testemunhas que lhe forneçam uma visão objetiva da história.

A ARTE DA GUERRA

Esses são os cinco diferentes tipos de trabalho de inteligência.
Você deve certificar-se de dominar todos eles.
Deve certificar-se de criar agentes duplos.
Você não pode se dar ao luxo de não se esforçar
na criação desses agentes duplos.

*E*ssa técnica criou o sucesso dos antigos imperadores.
Foi assim que eles criaram suas dinastias.

Você deve ser sempre cuidadoso com seu sucesso.
Aprenda com experiências passadas.

Seja um comandante astuto e um bom general.
Você faz isso usando suas melhores e mais brilhantes
pessoas para a espionagem.
É assim que você obtém o maior sucesso.
É assim que você supre as necessidades da guerra.
A posição e a habilidade de movimento de todo
o exército depende desses espiões.

A ARTE DE CRIAR ADOLESCENTES

Há cinco diferentes tipos de fontes de informação.
Você deve certificar-se de usar todas elas.
Precisa de amigos de seus adolescentes que sejam honestos com você.
Você não pode se dar ao luxo de ser seletivo demais ao desenvolver esses relacionamentos.

É assim que as pessoas têm sido bem-sucedidas como pais.
É assim que têm motivado seus adolescentes.

Você deve sempre estar certo da segurança deles.
Aprenda com histórias de seus comportamentos no passado.

Seja um bom pai e uma autoridade confiável.
Você deve usar as pessoas mais bem-informadas como fontes.
É assim que você possibilita o sucesso de seus adolescentes.
É assim que você cumpre as responsabilidades de ser pai.
O futuro e a segurança de seus adolescentes dependem de sua habilidade de obter informação.

SITE DE TREINAMENTO
THE WARRIOR CLASS

Treinamento *on-line* nos métodos de Sun Tzu

E-book de 300 páginas: nesse *e-book*, cada tópico de *The Warrior Class* é explicado detalhadamente. Disponível *on-line* em formato Acrobat© Reader.

Exibição de *slides*: 14 *slides*, um para cada capítulo de *A arte da guerra* mais um resumo conciso. Mais de 300 *slides* em formato HTML.

Testes GRATUITOS: dois testes para cada capítulo, um sobre o texto e outro sobre os conceitos do *e-book The Warrior Class*.

Acesse: www.clearbridge.com/warrior-class.htm

Outros títulos publicados pela
Editora Best*Seller*:

COMO EDUCAR COM AMOR E AUTOCONFIANÇA
Susan Isaacs Kohl

Numa época em que todos – leigos ou profissionais – parecem ter conselhos a respeito do que os pais devem ou não fazer, *Como educar com amor e autoconfiança* é um livro que mostra os acertos daqueles que têm como base para suas atitudes ingredientes simples, mas fundamentais para o sucesso de suas ações: amor, coragem e compaixão. Um antídoto contra a falta de confiança destinado a todos aqueles pais que um dia já se sentiram incompetentes ou desanimados em relação à educação dos filhos. Leitura imprescindível a quem se preocupa em transmitir aos filhos o melhor da melhor maneira possível.

AS 6 DECISÕES MAIS IMPORTANTES QUE VOCÊ VAI TOMAR NA VIDA
Sean Covey

Autor de *Os 7 hábitos dos adolescentes altamente eficazes*, Sean Covey aborda com objetividade e sabedoria as dificuldades e frustrações das pequenas escolhas de hoje que, no futuro, farão toda a diferença. Ilustrado e colorido, esse livro divertido e atraente agradará aos adolescentes que desejam encontrar o caminho que os conduza às decisões certas, mas dispensam os entediantes sermões de seus pais e professores. A linguagem descontraída é baseada em conceitos atuais, com um discurso coerente e adequado à realidade dos jovens. Uma ajuda para pais e professores na missão de encaminhar os adolescentes a uma vida promissora, equilibrada e, principalmente, feliz.

EDUCANDO E ELOGIANDO MENINOS
EDUCANDO E ELOGIANDO MENINAS
Elizabeth Hartley-Brewer

Esses livros mostram como o elogio pode ser benéfico ao desenvolvimento de crianças de qualquer faixa etária. Diferentemente do que provocam as críticas, as ameaças e os castigos, elogiar na medida certa não só ajuda a elevar a auto-estima da criança, como também faz com que ela se sinta mais confiante, tornando-a mais capaz de desenvolver seu potencial e, principalmente, de se sentir bem consigo mesma. Como a educação não é uma ciência exata, cada criança reage a um elogio de maneira diferente. Esses dois livros consideram essas diferenças e, pautados nelas, mostram que meninos e meninas precisam ter sua confiança reforçada em áreas distintas. Voltadas para pais e educadores, as 100 dicas apresentadas em cada volume foram organizadas visando à aplicação consciente de seu conteúdo a situações comuns do dia-a-dia, podendo ser consultadas ao acaso ou lidas convencionalmente, do início ao fim.

Você pode adquirir os títulos da Editora Best*Seller*
por Reembolso Postal e se cadastrar para
receber nossos informativos de lançamentos
e promoções. Entre em contato conosco:

mdireto@record.com.br

Tel.: (21) 2585-2002
Fax.: (21) 2585-2085
*De segunda a sexta-feira,
das 8h30 às 18h.*

Caixa Postal 23.052
Rio de Janeiro, RJ
CEP 20922-970

Válido somente no Brasil.

www.editorabestseller.com.br

Este livro foi composto na tipologia Perpetua,
em corpo 11,5/14, impresso em papel off-white 80g/m²,
no Sistema Cameron da Divisão Gráfica da Distribuidora Record.